未来を拓く人文・社会科学 14

宇田川妙子 編
UDAGAWA, Taeko

多元的共生を求めて

〈市民の社会〉をつくる

東信堂

はじめに

近年、世界的に「市民」「市民社会」「市民運動・活動」に注目が集まりつつあり、アカデミズムでも、ここ一〇年ほどの間に、この問題を取り上げる研究書や論文が急激に増えてきた。日本では、そうした潮流のきっかけは、「ボランティア元年」という言葉を生み出した阪神・淡路大震災であるといわれることが多いが、もちろんそれ以前からも、そしてそれ以外の地域や分野でも、市民・住民たちの活動は行われてきている。

たしかに「市民」という言葉には様々な問題がある。この言葉にまとわりついているイデオロギー性や西洋中心主義性を嫌って、使用を敬遠する人たちも少なくない。しかし、こうした議論が近年取り沙汰されつつあること自体、人々の運動・活動が、それを何と名づけようとも活性化していることの証左であるともいえるだろう。

そしてその活性化とは、もちろん従来どおりの運動・活動の復活ではなく、現代社会の事情に即して変化していることも忘れてはならない。なかでも、近年の特徴の一つは、マイノリティや弱者などという言葉が盛んに使われつつあるように、「市民」自体の多様性や格差への関心が高まり、多様な価値観や関心にもとづく活動が増えているという点にある。実際、活動の組織や団体は、様々な意味でますます多彩になり、同時に、そうした多様な組織間の連携も模索され始め、この多様化とネットワーク化の動きが、いわゆる市民の領域をさらにエンパワーメントしている。欧米ではしばらく前から、民族的な多様性などを背景として「多文化主義（マルチカルチュアリズム）」という言葉に注目が集まり、日本でもここ数年、「多元的共生」という造語が急に流布するようになっているのも、そうした動きを受けたものであろう。「多元的共生」、すなわち、多様な「市民」たちが互いにどう認め合って共生していくかは、一方において格差や排除さらには紛争が絶えない現代社会において、ますます重要かつ緊急の課題として意識されるようになっているのである。

さて本書は、こうした現状認識のもとで、まさに「多元的共生社会の構築」（平成一五年度〜一九年度日本学術振興会・人文社会科学振興プロジェクト研究事業）と題して企画された研究プロジェクトの成果を土台とするものである。このプロジェクトは、「運動の現場における知の再編の解明」（代表・宇田川妙子）、「被災地の現場における共生社会の構築」（代表・岩崎信彦）、「多元的共生社会に関する国際比較の研究」（代表・辻中豊）という三つのグループからなり、以上のような「多元的共生社会」に向けた動きを、特に日本社会の現状を中心にすえながら分析・考察していこうとするものであった。

本研究プロジェクトが、世界各地の状況に目を配りながらも、全体としては日本社会の現状を基本的な参照点としたのは、従来の市民運動等に関する研究の多くが、これまで西洋的な枠組みに依存しすぎてきたことに対する反省による。たしかに欧米からの影響は、研究および活動実践の面でも、あらゆる意味で小さくないし、その影響は、グローバル化が急激に進む中、さらに大きくなりつつある。しかしながら、その枠組みが日本の事情には適合しにくいことはすでに指摘されている。また、歴史を振り返ってみると、欧米のそれとは大分異なる背景のもとで試行錯誤を重ねてきた日本社会独自の経験も、すでに厚い。とするならば、そうした経験を的確に記述・評価し、発信していくことは、グローバル化に伴って世界的な次元でも「多元的共生」が必要となっている今だからこそ、急務であるともいえるだろう。

各グループは、こうした問題関心を共有しつつ、それぞれに研究を進めてきた。「運動」グループは、日本のみならず国外、特に発展途上国における諸運動にかんする微視的な実態調査・比較を行い、「被災地」グループでは、日本の中でも阪神・淡路大震災の被災地である神戸市という個別事例に注目してその現状と課題に迫ってきた。「国際比較」グループの主たる課題は、世界各地の市民社会の実態を統計的な手法を積極的に用いて比較調査し、それをもとに市民社会の新たな類型化を試みることであった。そして、互いに各グループの持ち味を生かしながら連携して議論を重ね、二〇〇三年三月には、その中間的な成果を、公開シンポジウム「市民の社会を創る――社会提言の試み――」(日本学術振興会・人文社会科学振興プロジェクト研究事業主催)という形で提示した。そこでの発表や議論が、本書の企画の下敷きになっていることも記しておく。

したがって本書の構成は、次のとおりになる。

まず第I部では、日本社会における市民運動・住民活動の現状について、歴史的変遷を踏まえつつ概観し、理論的な議論にも目を配りながら、その課題と可能性を指摘していくことにした。第1章の西山論文は、阪神・淡路大震災後の神戸を事例にしつつも、それを一九八〇年代末ごろからの日本社会の市民領域一般の動きに照らし合わせて、その意義と可能性をより一般的な形で見出そうとするものである。たとえば、神戸では現在、市民たちの活動領域と、行政などの公的領域および市場経済との関係や重なりが問題になっているが、これは、今や市民領域一般が抱える課題の一つである。そして何よりも興味深いのは、神戸での活動が被災者の「生の固有性」を尊重するという方向性を見出したことであろう。先にも述べたように、近年の運動の現場では、弱者や少数者を含め、多様な個々人が共生しうる仕組みづくりが急務になっている。そうした新たな市民社会に向けた価値観の模索という意味でも、我々が神戸の経験から学ぶものは決して小さくないに違いない。

次に中村論文（第2章）は、現在の様々な運動を、一過性のブームにしないためにも積極的に歴史の中に位置づけ、日本における運動の蓄積をあらためて整理し、共通の議論のプラットフォームをつくり上げていこうとする試みである。その背後には、現在の運動の現場においては、「市民」や「市民運動」という言葉をめぐる問題にも見られるように、いわば世代間の関係が断絶しがちであり、蓄積されてきたはずの経験が適切な形で継承されていないのではないか、という危機感がある。そして中村は、こうした再検討を経て、今後のＮＰＯ／ＮＧＯの役割に関する具体的な提案を、社会デザインという概念とともに提示していく。

第Ⅱ部では、以上のような日本の現状の中で、具体的にどんな活動が行われているのか、その多様な実態について紹介していく。いわば、具体例編である。

もちろん、その現状を総体的に描き出すことはできないが、まずは「ボランティア元年」という言葉を生み出した震災後の神戸の事例から、在日外国人との交流を積極的に進めている「FMわぃわぃ」という多文化／多言語放送の取り組み（第3章、吉富論文）と、被災高齢者の自立をサポートする仕組み（第4章、坂本論文）の二つを取り上げる。両者はともに、先に述べた弱者や少数者の社会的排除という問題と深くかかわっているだけでなく、自立と持続性を目指したコミュニティビジネスの創出へと向かっていく様子は興味深い。

また、市民の活動にとっては、行政との関係も、近年ますます重要な課題になりつつある。その問題を考えるための事例の一つとして、河村・大朝論文（第5章）は、行政側の立場から三鷹市の多様な試みを紹介する。なお、行政と住民活動の関係にかんしては、第4章の坂本論文でも、特に住民側の視点からの記述があり、ゆえに両者を読み合わせていくと、その関係の複雑さと必要性がいっそう明瞭に浮かび上がってくる。

一方、甲斐論文（第6章）は、コーポラティブ・ハウスの実践をとおして、コミュニティという価値を「ベネフィット」として再創造していこうとする試みである。これは、個人単位の生活が定着しつつある現代社会において、いかに合意形成をつくり出していくかという問いに対する具体的な解答例の一つとして見ることもできるだろう。また現代では、メディアも、情報発信や連帯の促進など、市民活動の今後の発展には欠かせないツールである。このため第7章の松浦論文は、先の吉富論文でも詳しく紹介されている「FMわぃわぃ」の経験を中心に、世界的な動向も含めながら「市民メディア」の現状と課題を提示する。

そして、こうした市民の活動の状況を、「運動」という、よりダイナミックな場面で論じたのが、第Ⅱ部の最後の佐野論文（第8章）である。佐野は、吉野川可動堰建設をめぐる住民運動の事例にかんして、「市民的専門性」という概念を用いながら、その組織化とネットワーク化を今後の展望を含めて描き出しているが、その議論は、他の事例の経験にも通ずるだけでなく、今後の市民活動のアドボカシー能力を考える上でも大きな参考になるだろう。

「世界の中の日本」と題した第Ⅲ部は、以上のような日本社会の現状を国際比較の中に位置づけ、その特徴と課題をさらに明確化することを目指すものである。その際、議論の中核をなしているのは、「国際比較」グループが行ってきた、日本、韓国、中国、ロシア、トルコ、フィリピン、ブラジル、米国、ドイツにおける市民社会組織の比較調査である。

この調査の詳細にかんしては、第Ⅲ部所収の各論文を見ていただきたいが、辻中論文（第9章）は、その成果を駆使しながら、日本の市民社会の特徴を概観するだけでなく、今後の展開に向けた可能性を積極的に見出そうとする。つまり日本では、一見、世界で起きている「アソシエーション革命」を経験していないように見えながらも、地域における草の根レベルの組織が予想を上回る深さを有しているという側面もあり、そこにこそ、日本社会の豊かな可能性があるという指摘である。

また、ウズベキスタンとトルコの現状を紹介したダダバエフ論文（第10章）と平井論文（第11章）は、ともに非欧米の事例として、これまで欧米に関する記述や議論が中心であった市民社会論を相対化していくという意味でも、興味深い議論を提供してくれるだろう。そして、こうした日本をはじめとする非欧米の事例の発信と蓄積が、研究のみならず活動の実践面においても有益な示唆を与えてくれることも間違いない。

もちろん、以上の議論だけで、多元的共生を求めて試行錯誤をしている日本の市民社会の現状や課題をすべて描き出せたわけではないし、果たして多元的共生とは何か、という問いについても明確な回答を出すことはできなかった。しかし、限られた紙幅であっても、その現状と課題の一端は確実に提示することができたと考えている。それが具体的にどんなものであり、さらには、そうした日本の経験から市民社会論一般にどんな発信ができるのか、等々に関しては、「おわりに」で再びまとめて述べていくこととして、まずは早速、個別の議論に入っていくことにしよう。

なお、市民、住民、市民運動、住民活動、市民社会等々の言葉についてだが、すでに述べたように現在様々な立場や意見があるが、本書では、それを早急に統一することはむしろ生産的ではないと考え、その使用や定義等は各論者に任せることにした。それぞれの論者がこれらの言葉とどう向きあっているのか、そこからも、今後の議論と実践の多様な展開の可能性の一端を見ることができるに違いない。

宇田川妙子

目次／多元的共生を求めて――〈市民の社会〉をつくる

◆本書を読むためのキーワード

市民社会

政府と企業、家族以外に市民が参加する中間的な社会集団全体を指す場合と、政府以外のすべてを指す場合があり、近代社会と同一視される場合もある。世界的には一九九〇年前後のシステム変化以後、民主化を持続させるために必要な社会的条件として再び注目を集めている。先進国では新自由主義政策のもとで生じた政府の公的役割の縮小に対して、新しい公共性の担い手としても注目されている。こうした現代的意味では企業を含まない中間的な社会集団の役割が重要である。

コミュニティ、アソシエーション

マッキーヴァー（一八八二―一九七〇）によって対概念として提出された。コミュニティは、「人の社会的関係すべてがその内部で見出されうる」一定の地域であり、「地域性」と「共同感情」を基礎に置いている。今日、市民の市政への参画や協力を求めるために「コミュニティ政策」が再び推進されているが、地域社会の自治的な形成という点で難しい問題をはらんでいる。アソシエーションは、「一定の目的を果たすために、その手段として人為的に作られる集団」であり、学校、企業、政党、組合、国家など多くのものがそれにあたる。しかし、この概念は近代初期から「アソシアシオン」として登場しており、「自由人の結合」という意味合いをもって社会運動との関連でとらえられることも多い。

ボランティア、市民活動

「ボランティア volunteer」の原義は「志願兵」である。日本では、特に一九九五年の阪神・淡路大震災で多くの人々が被災地に駆けつけて無償の救援活動をくり広げ、「ボランティア元年」と呼ばれた。これをきっかけに、現在、国内外で多様な社会奉仕・貢献活動が生活の現場に根ざして展開しているが、これらを一般に「市民活動」と呼んでいる。恒常的活動のための資金調達が難しく、地方自治体の「安上がり」委託事業を引き受けてしまうなどの問題も抱えている。また、かつて公害反対運動、平和運動、住民運動として発展した「市民運動」に比して、「無党派性」を強調して活動が内向きになるという傾向がある。

ＮＰＯ

市民社会の中核部分をしめる社会集団の一つ。非営利の組織（Non Profit Organization）を意味し、政府でも営利企業でもない多様な組織（公益法人・協組・労組・任意団体・住民組織）による公共的な社会サービス提供という側面から、関心が高まっている。Ｌ・サラモンなどによる非営利セクターの国際比較では、私立学校、病院、福祉施設など民間施設も含まれる。任意団体に法人格を付与するために日本では一九九八年に特定非営利活動促進法（通称ＮＰＯ法）が制定されたが、ＮＰＯという呼称は日本固有である。

ＮＧＯ

現代的意味での市民社会の中核部分をしめる社会集団の一つ。ＮＧＯは非政府組織（Non-Governmental Organization）であり、政府以外の社会組織全体を指すが、国連が発足当初からＮＧＯを重視したため、国際協力や開発を支援する民間組織がＮＧＯと呼ばれることが多い。多くの国際組織、地域（reginonal）組織がＮＧＯの役割を重視しており世界的には急増している。外務省も支援部門を持っているが、日本ではやや発達が遅れている。

特定非営利活動促進法

一九九八年、ボランティア活動などの非営利的な活動を行う団体に法人格を与えることによって、その活動を促進・発展させようとする目的で作られた法律。通称ＮＰＯ法。この法律は日本初の「市民立法」の成果といわれ、立案時は「市民活動促進法（案）」という名称だったが、成立直前に「市民」という文言が変更された。この変遷自体に、日本社会における「市民」概念の困難さを見る論者は多い。

社会的企業（ソーシャル・エンタープライズ）

福祉、環境、貧困などの様々な社会的課題に取り組むことを目的とする収益事業体。その目的は、ボランティア団体、ＮＰＯ、ＮＧＯなどの非営利セクター組織と同じだが、運営に企業的性格を取り入れることによって、公的補助金・助成金への依存から脱却して自立性を高めるとともに、市場での競争にさらされる過程で事業の質的な向上を期待しうる等の利点があるといわれている。まちづくりをビジネスに結び付けたコミュニティビジネスもその一つ。ただし、この動きはまだ萌芽段階であり、社会的な目的の市場化への危惧、営利企業との関係など、課題も少なくない。

地域住民組織

地域住民のコミュニティは普遍的に存在するが、そこに組織が形成されるかどうかは、居住条件（集合住宅や集村か）や宗教との関係、歴史的な国家関係、特に自治体の規模や関係にも依存する。日本では、歴史的伝統に加え、明治、昭和と自治体大合併があり、行政と関係を保ちつつ自治会・町内会・区会など住民組織が遍く発達した。全国に三〇万を数える。近年参加率の低下が見られるものの、ほぼすべての地域に一つ存在し、行政情報の伝達、環境整備や祭りなどに大きな役割を果たしている。

まちづくり

明確な定義はなく、都市開発から商店街の活性化まで様々な文脈で使われているが、いずれも、あるまち(地域)が抱えている課題に取り組み、その地域社会の活性化を目指す活動。その際、住民が主体になるだけでなく、行政と住民との協働によるものも少なくなく、近年では、「まちづくり条例」(自治基本条例)を策定して市民参加を進めていこうとする自治体が増えている。なお、「町づくり」とも表記されるが、ひらがなが使われる頻度のほうが高い。

住民投票

日本国憲法では、国会が特定の自治体だけに適用される法律を制定する場合、その自治体の住民投票を必要とするとあるが、近年話題になっている住民投票とは、各自治体が特定の問題に関して住民投票条例を策定して行っているもの。一九九六年に新潟県西蒲原郡巻町（現在、新潟市）が原子力発電所建設の是非を問う住民投票を行って以来、他にも産業廃棄物処分場、在日米軍基地、市町村合併などをめぐって行われている。ただしその結果は、強制力を持たないため、単なる意思表示に終わる場合もある。

社会的弱者・少数者（マイノリティ）

社会的少数者（マイノリティ）とは、当該社会の中で、民族・人種、宗教、性的指向などの理由で少数派とみなされ、発言力や社会的進出の機会等も制約されている人々。しばしば差別や偏見の対象となるが、近年ではさらに、身体・健康、学歴、年齢、性差、所得格差、生活形態、社会的スキルの有無等によって、他の多くの人々に比べて著しく不利な立場に置かれている人々のことも含めて社会的弱者と呼ぶようになり、重要な社会的課題の一つとなっている。

「アソシエーション革命」

L・サラモンらが一九九〇年代以降となえている議論。サラモンは、ジョンズ・ホプキンス大学を中心として非営利セクターに関する国際比較研究を精力的に行い（現在三〇カ国以上）、福祉国家や社会主義の衰退とともに、その役割を代替するものとして世界的なアソシエーションの噴出と機能拡大が生じていると主張した。サラモンらは主として各国政府統計を組み替え非営利セクターの経済規模を比較する方法を用いたが、辻中豊らは実際に一〇カ国以上の市民社会を調査し、多くの国で団体の噴出を確認している。

新自由主義

戦後の「福祉国家」「ケインズ主義」が財政赤字などで行き詰まってきた一九八〇年代、イギリスのサッチャー政権、合衆国のレーガン政権によって、「小さな政府」「市場重視」が打ち出された。九〇年のソ連社会主義体制の崩壊によって資本主義市場がグローバル化し、市場原理を最優先させる「新自由主義」は世界の趨勢となっていった。日本でも一九九五年以降急激に「金融自由化」「成果主義」「民営化」が推進され、また「都市再生」の名のもとに政府と大企業が一体となって都市改造を進め、先端企業収益と不動産価格の上昇がはかられていった。今日、貧富格差の増大や金融恐慌の発生により新自由主義の見直しが始まっている。

多元的共生を求めて——〈市民の社会〉をつくる

第Ⅰ部　日本における「多元的共生社会」の現在

第1章　阪神・淡路大震災が生み出した市民活動の新たな展開
——ボランティアからNPO、ソーシャル・エンタープライズへ

西山　志保

はじめに

先進資本主義国では、福祉国家の転換期以降の財政危機とグローバル化に伴う新自由主義（ネオリベラリズム）の進展により、格差や不平等などの新しい貧困問題が、社会構造の「隙間」に先鋭的に現れている。国家セクターや市場セクターだけでは対応できない、社会の隙間の問題に柔軟に対応しているのが、ボランティアやNPO／NGOといった市民セクターの動きである。日本でも一九九八年に「特定非営利活動促進法（通称NPO法）」が施行されるなど、市民セクター形成に向けた制度面での基盤づくりが急速に進められ、NPO法人の認定数も三万件を超える勢いで増えている。

既に日本では、一九八〇年代末からNPOの重要性が認識され、制度化の機運が高まっていた。それを大きく推し進める引き金となったのが、一九九五年に発生した阪神・淡路大震災であったといわれる。

震災後のボランティア活動は、マスコミにまでボランティア元年、ボランティア革命と呼ばれるほどの大きなうねりを生み出し、日本における市民社会の発展可能性を示すものであった。

震災という非日常時の形態を出発としながらも、多くのボランティアは、日常時におけるＮＰＯ・ＮＧＯなどの市民活動へと展開している。その活動は、自発性、無償性、公益性などで語られてきたボランティア・市民活動の既存のイメージを大きく転換させることになる。既存制度の変革や新たな価値の提起を目指す運動性と活動の持続性を担保する事業性を両立させながら、日常時におけるコミュニティづくりに取り組み続けている。彼らの実践は、一人ひとりの生命を尊重し、他者との支えあいに基づく新たな市民社会の形成に向けたしくみづくりである（震災復興市民検証研究会二〇〇一、二〇〇五）。その動きは、公的セクターや市場セクターと重なり合いを持ちながら、公共サービスや市場経済に一定のインパクトを与えるほどに拡大しつつある。

一　阪神・淡路大震災の思想的インパクト

1　受動性から立ち上がる主体

阪神・淡路大震災において、全国から集まった多くのボランティアは、自発的にというよりは、「ほっとかれへん」という感覚により行動を起こしたという（渥美二〇〇一）。そして彼らは、人間の生命を最低限レベルで維持するための生命圏と生活圏の重なる領域、いわゆる「生（life）」を支える活動を生み出した（花崎二〇〇一、栗原二〇〇〇）。

震災後のボランティア活動を考察するためには、他者の苦しみや苦痛への感受性から立ち上がり、他者を支援するために相互関係を取り結ぶに至った主体をテーマ化する必要性がある。つまり他者の苦しみや不幸に対して傷つき、行動するボランティアの受動的主体のあり方を問うことが、身体性を導入したボランタリズムの新たな位相を捉えることに結びつく（中村二〇〇〇、鷲田一九九九）。この活動は権利獲得や権力への抵抗のために他者と積極的にコミュニケーションを交わし、オルタナティブを求める能動的主体の運動とは異なる。

2　運動論における「生」の固有性への注目

震災後、計り知れない被害を受けた被災者に対して、ボランティアは彼らが生きる気力を取り戻し、希望を持つよう支えた。そこでは被災者もボランティアも何よりも人間の生命と生活を最優先に考え、一人ひとりの命は何者にも代えがたく大切であるという思いを共有するつながりを形成した。しかし非日常から日常へと移行するのに伴い、ボランティア活動もルール化され、秩序化されていった。そのプロセスは再び効率性や利潤追求を優先する画一的な価値が戻り、復興格差が拡大してゆく過程であったといえる。

こうした中、ボランティア側が復興から取り残される震災弱者の多様なニーズを発見するためには、多様な価値観を持ち続け、被災者それぞれの「生」の固有性に徹底的にこだわることが、重要テーマとなった。つまり個々の人々の生命を尊重し、一人ひとりの「かけがえのなさ」を支える支援活動へと展開する必要性が出てきたのである。

これまでの住民運動論は、みんなで一緒に、共通の目的に向かうために合意形成し、運動展開するものが多かった。いわゆる「同質性の論理」で動いていたといえる。これに対し、震災後のボランティア活動は、たった一人の固有な命にこだわり、支えていくことが非常に大切になった。この活動は、支援者と被支援者が同一化を目指すのではなく、むしろそれぞれの異質性を保ちながら、お互いの固有性を尊重するという方向を目指したものである。

3　サブシステンス視座の導入

阪神・淡路大震災が提起した三つ目の論点は、人間の根源的な支え合いを捉えるサブシステンスという視座である。震災後、ボランティアが被災者の自立を支援するためには、彼らの「生」の固有性に配慮し、存立基盤をなす支え合いの関係の形成が必要になった。支え合いとは、社会・共同体の秩序維持をさす助け合いや相互扶助、共同性とは異なり、「生」や「命の一回性」にこだわる人間の根源的関係性を指す。つまり人間が生命を維持するために最低限必要となる根源的な他者との関わり（subsistence）だといえる。

ここでは、サブシステンスを「人間の実存に関わる根源的営みであり、人間本来の実践（praxis）としての働きを基盤にして、他者との対話的な相互関係を捉える視座」（西山二〇〇七：三八）として理解することで、ボランタリズムの新たな位相を浮かび上がらせることを試みる。

二　震災後のボランティア活動の時系列的変化と諸論点の整理

1　復興格差の広がりと「孤独死」の発生

阪神・淡路大震災の直後、行政機能が麻痺する一方、被災者を柔軟に救済したのは、全国から集まった延べ一五〇万人を超える自然発生的ボランティアであった。彼らは、何よりもまず被災者の生命の救済と安全を最優先し、非日常の中で緊急救援活動や物資の供給を行った。様々なタイプのボランティアが相互にネットワークを形成し、避難所での被災者の生活を支える大きな役割を果たしたといえる。こうしたボランティアによる被災下の住民救出や被災者の支援という動きは、予想を超えた市民社会の健在を示したといわれる。しかしその後の復興過程では、被災地の市民社会の苦闘を浮かび上がらせることになる（岩崎一九九八）。

実際に、避難所への移動が始まると、被害は高齢者や障害者などに集中的に現れるようになった。避難所で孤立する弱者は、特別な配慮が必要であるにもかかわらず、行政は「すべての人が被災者」との主張のもとに画一的対応を進めた。その結果、冷え込む避難所で高齢者の中には風邪をこじらせ、肺炎で亡くなる者もでてきた。

さらに一九九五年の四月以降、復旧・復興段階に入り、仮設住宅への移動が始まると、自立できる被災者とできない被災者の間の復興格差が急速に広がるようになる。とりわけ高齢者や障害者、貧困層などのマイノリティの多くが生活再建から取り残されていった。それは地域社会に潜在化していた社会的弱者が、「震災弱者」として顕在化する過程であったといえる。

商店も病院もない生活環境としてはあまりにも不便な仮設住宅では、持病や貧困を抱える被災者たちが、社会との関わりから切り離されていった。その結果、「孤独死」という深刻な問題が発生するようになる。孤独死は中高年層に多く発生し、とりわけ老人福祉法の対象にならない四〇から六四歳までの働き盛りの男性が中心であった。しかもその多くは、慢性の疾患を抱えており、一人暮らしの無職もしくは低所得者であった。このような人々の孤独死は、唯一の拠り所であった家族や友人との関わりから切り離されるという「親密的空間の解体」に加え、医療機関もなく職場からも遠い不便な仮設住宅で暮らすことを余儀なくされた結果、社会から「構造的に生み出された」ものであったといえる（生活問題研究会 一九九七：八三）。

社会との関わりを断たれ孤立する被災者は、自らの存在そのものに否定的になり、生存への不安を抱えるようになる。人間の存立基盤を保障する他者存在の喪失と、自己内対話の喪失、それは深刻な「生」の問題であった。

2　ボランティア活動の役割変化

地元住民を中心としたボランティアは、孤独死を「孤独な生」として捉え直し、仮設住宅の戸別訪問、催し物の開催など、被災者と積極的に関わりを持ち、孤立化を防ぐ努力を重ねてきた。しかし長期化する復興過程の中で、閉ざされた被災者の心を開くことはできず、そのニーズが見えなくなったり、長期にわたる一方的な支援活動がかえって被災者の自尊心を失わせ、自立を妨げるなど、これまでの活動の限界が次第に明らかになる。

ボランティアに求められたのは、被災者の「生」が孤独にならないように目配り・配慮し、「孤独な生」と向きあうことであった。そこでボランティアは被災者の状況に合わせて自ら役割変化し、一人ひとりの「生」の固有性に徹底的にこだわる活動へと転換するようになる。それは被災者の苦しみに触れたボランティアが自らを相手へと開くことにより一人の「人間として」向きあうことを意味した。つまりボランティアが自分の地位や役割によって接するのではなく、被災者の個別の生活に目を向け、自己を変容させながら一人の「人間として関わる」ことが必要になったのである。こうしたボランタリズムの営為には、相手の「生」の固有性に徹底的にこだわり、そのかけがえのなさを支えるという重要な意味が存在している。これがまさにサブシステンスという位相に現れる新たなボランタリズムの本質であったといえる。

さらに復興公営住宅への移動が進むにつれ、生活再建から取り残される被災者の多くは、病気や障害のために失業中であり、またそれを支える社会の受け皿も存在しなかった。そこでボランティアらは、被災者の自立に向けたエンパワーメントと、活動の継続化に向けて活動を展開するようになる。それはボランティアと被災者という関係を第三の市民へと広げ、被災者の多様な能力を社会でエンパワするためのしくみづくりを意味した。一九九七年頃から、多くのボランティアの着手したのが、被災した当事者が「働く」ことを通して、固有な能力を発揮するための有償の仕事づくりであった。

3　生活再建期：無償ボランティアから有償事業への展開（一九九六年〜）

神戸の中央区で活動する被災地NGO協働センターでは、社会から孤立する被災者が、他者と関わるきっかけを作るための「まけないぞう事業」を展開している。この事業は、全国から送られてきたタオルを被災者がゾウの形にし、それをNGOが媒介して全国に販売するというものである。そのタオルは単なる商品ではない。「大変な経験を乗り越えてがんばっています」というメッセージとなって支援者の「共感」を呼び起こし、さらにその共感が「被災者の姿に逆に助けられます」「励まされています」というメッセージとして送り返されてくる。こうしたメッセージ交換により、支援者と被支援者という立場が入れ替わり、「支え合い」という対等な関係が生みだされるという事業である。

また東灘区で活動するコミュニティ・サポートセンター神戸（以下、CS神戸）では、自尊心を失っている被災者が、地域社会で働くきっかけを創出するためのコミュニティ事業に取り組んでいる、その人に固有な能力を引き出し、それを組み合わせながら有償化するというものである。この事業は、高齢や障害によって「〜できないこと」を弱さではなく能力の固有性とみなし、それを社会レベルで受け容れていくようなしくみづくりであった。これにより多くの被災者が生きがいを見つけ、自立に向けた一歩を踏み出している。

ここでの働きは、生きにくさを感じている当事者が、他者と関わり、相互関係の中で自己のアイデンティティを確立するきっかけを提供している。つまり働くことで他者を支え、また他者から支えられるという対等な関わりにより、自尊心を回復するという過程が見られる。その意味で、非営利事業における「働き」とは、賃金の対価としての「労働」とは異なり、自分が一人きりで生きているのではなく、他者と共に生きていることを実感するような関わりを生みだすものだといえるだろう。しかし有償化の導入は、それほど容易にいったわけではなかった。それは、無償性というボランティアの主要原則の一つを覆す出来事であり、行政や社会福祉協議会、さらには被災者からも猛烈な批判があったという。

さらに自らの「弱さ」をさらけだすことで他者存在を受け容れ、支え合いの関係へと開いていく過程こそが、被災者の「自立」だとする意見がボランティアの中から聞かれるようになる。それは周囲の人々との関係の中で自らの「弱さ」を自覚し、自己を他者へと開いていくことであり、異なる他者とお互いの違いを認め合い、存在の意味を認め合うという「共生」によって実現される。つまり自立とは「他者との支え合い、共生の過程」という新たな意味内容が、ボランティアの実践から提起されたのである。

このように非日常時の活動から出発したボランティア活動の多くは、いくつもの困難を乗り越え、被災者の自立支援、支え合いのしくみづくりというミッションを中核にすえたＮＰＯやＮＧＯへと転換している。その活動は、行政や市場経済が生み出す隙間の単なる補完にとどまらず、公的領域や私的領域との重なりの中で新たな動きを生み出すことになる。

三　地域社会における支え合いのしくみづくり

1　公共サービスをめぐる「せめぎ合い」（公的セクターとの重なり）

非効率や財政悪化という問題を抱える行政にとり、NPOは多様なサービス供給主体であり、また行政機能の外部委託のためにもNPOとの協働（パートナーシップ）が不可欠になっている。神戸市でも協働・参画三条例を制定し、市民の参加をとりつけながら、多様化する市民ニーズへの対応を模索している。しかし神戸市では、外郭団体や地縁団体、市民活動団体が「神戸型コーポラティズム」の一主体として機能しており、新規のNPOが参入する領域が非常に限定されてきた。財政基盤の弱いボランタリー組織が独自の活動領域を切り開くためには、行政が担ってきた事業を市民が担えるように提案し、公共サービスの新たな担い手として存在を確立する必要が出てきた。これは形式的には行政の下請けになる危険性にさらされながらも、あえて行政と関係を取り結び、活動領域を切り開くことであった。

例えばCS神戸は、被災者の自立支援・仕事づくりを実現するために、行政が行っていた被災地仕事開発事業に対して、独自の評価指標を示し（仕事の成果のみならず、当事者の自立支援の過程を重視）、市民の視点から既存サービスの再編を提案した。さらにNPO法人格を取得すると、介護保険の枠外に置かれた高齢者に対するミニデイサービスを提案し、それまで社会福祉協議会しか実施していなかった委託事業の一部を引き受けるようになった。

そこで必要になったのは、条件交渉で行政と渡り合って、事業を獲得するという政治的なプロセスであった。ここで政治的というのは、行政を敵対視するのではなく、あくまで行政と話し合って必要な資源を獲得し、自分たちのミッションを実現させる過程を指す。行政との交渉を粘り強く続け、公共サービスの潜在的なニーズの充足へとつなげる点にＣＳ神戸はこだわった。そこがなくなると単なる下請けになると警戒している。

そしてこうしたＣＳ神戸の委託事業への参入が、既存の秩序体制に一定のインパクトを与えるようになった点は非常に重要である。それは地域社会で行政サービスの代替を担ってきた婦人会や自治会などの地縁系団体や社会福祉法人とＣＳ神戸との間で発生した資源獲得をめぐるせめぎあいであった。新規のボランタリー組織が法人格を取得し、競争相手として現れたことで、既得権として公共サービスを担ってきた地縁組織が、その存立基盤の危機を感じ、新たな取りくみを展開するようになったのである（『神戸新聞』二〇〇三・一・一〇）。

例えば神戸市で非常に強い影響力を持つ婦人団体協議会では、二〇〇〇年頃からＮＰＯ法人格を取得する方針を打ち出し、各地域でＮＰＯ設立準備から活動支援までを行う「ＮＰＯ輝支援センター神戸」を設立した。このセンターは、これまでの地域ネットワークを利用しながら、企業や個人から多くの資金を集め、婦人会がＮＰＯ法人格をできるよう財政支援や情報提供などを行っている。

ＣＳ神戸の委託事業が、地域社会構造に一定のインパクトを与える一方、事業受託をする過程で安価な下請けとして利用しようとする行政との間にせめぎあいが発生するようになる。委託事業は間接経費が認められなかったり、行政コストが公開されないなど、多くの問題があることは既に指摘されていた。

大きな方向転換を迫られたのは、二〇〇〇年に公募で獲得した兵庫県の受託事業「生きがい仕事サポートセンター・ワラビー」が二〇〇二年に急に打ち切られたことがある。被災者の自立支援のためには活動の継続が必要であるにもかかわらず、明白な理由もないまま事業が打ち切られ継続が難しくなったことで、受託事業への認識が大きく変化したという。さらに行政の都合により、施設管理費の五パーセントカットが一方的に決定されるなど、行政側の「ＮＰＯを安価な労働力として利用しようとする姿勢」は目に余るようになった。

また事業受託によってスタッフが増えるにつれ、加わったスタッフの訓練もままならないうちに、さらなる事業を受託しなければならなくなった。委託事業は時限事業であるために、雇用するスタッフの人材育成のための時間が足りず、ミッションと事業の乖離が起きるようになったのである。しかも委託事業に伴う単年度契約、評価基準の不透明性、委託経費の安さなど、多くの問題が無視できないものとなった。危機感を抱いた市民活動の多くは、現在、自主事業の割合を増やすなど、委託事業とは異なる財源確保の道を模索するようになっている。

このように被災地では、ＮＰＯ法人として行政から委託を引き受け、形式的には下請け（『朝日新聞』二〇〇三・四・二）となりながらも、制度の内部から公共サービスのあり方を変革し、制度変革を目指すという市民活動へと展開している。

2　ＮＰＯからソーシャル・エンタープライズへ（市場セクターとの重なり）

前述したように、震災後の市民活動の中には、公的セクターと重なりを持つようになる団体がでてくる一方、市場セクターと重なりながら、独自の問題解決手法を模索する動きが見られる。市民活動団体が地域問題を解決するために導入したのは、コミュニティ・ビジネス（community business）という手法であった。

コミュニティ・ビジネスとは英国で始まった活動で、企業的性格を取り入れながら社会問題の解決を目指す活動であり、企業組合、株式会社、NPO法人などの形態をとることが多い。震災復興市民検証研究会（二〇〇一）によると、コミュニティ・ビジネスは、①地域課題を地域で解決する、②もう一つの働き方を提起する、③企業が対象とせず、行政の福祉施策の対象にもならないような課題を扱う、という特徴を持っている。被災地では、生きがいを失った被災者の自立支援のための雇用創出からまちづくりによる地域再生など、幅広い課題を解決する手法として注目を集めている。

例えば、コミュニティ・ビジネスを通して社会から孤立しがちな人々の自立支援を行う試みとして、神戸市全域の六箇所（阪神北、阪神南、播磨西、東灘、神戸西、播磨東）で実施されている「生きがい仕事サポートセンター」がある。これは地域のNPO法人が兵庫県から受託し（財源は阪神・淡路大震災復興基金）、地域の雇用創出を行う、いわばNPO版のハローワークである。そこでは企業、労働者団体、県民、行政との連携のもとに、有償で公益的な仕事をしたい人と仕事をしてほしい人のマッチングが行われている。それぞれの団体が独自の方法に基づき、就業希望者と求人開拓、フォーラムやゼミナールの開催、支援情報の発行や相談、人材育成研修会の開催などを行っている。これは単なる仕事紹介ではなく、その人の固有な能力を引き出しながら仕事づくりを行う、という意味で当事者のエンパワを促す活動である。そのため利潤の最大化ではなく、被災者が自尊心を回復させたり、自分の居場所を発見することを目的としている。

またボランタリー組織が組織的な自立を実現するためにまちづくり会社を設立したり、「コミュニティ・カフェ、ショップを運営するなどのケースがある。一九九五年に復興に関する情報誌を発行したり、震災復興の共同建替事業や高齢者障害者に対する相談受けつけなどを行う「㈲真野っこ」、一九九七年には地元商店主らがガイドマップやガラス工芸の直営店を運営し、魅力的なまちづくりを行う「㈲トアロードまちづくりコーポレーション」が、さらに一九九七年には、家を失った高齢者の自宅再建のための債務保証を行い、高齢者・障害者の多目的互助のための互助会館を建設した「㈲ＣＤＣ神戸」などは、被災地で典型的なまちづくり会社である。さらに商店街の中でコミュニティ・カフェをオープンし、フェアトレード商品を販売したり、不動産の賃貸・管理などを行う「㈲みみずく舎」の試みなど、地域ニーズに基づく多様なコミュニティ・ビジネスが展開されている。

いずれのケースも、社会で孤立しがちな人々の自立やボランタリー組織の自立が活動の目的であり、あくまでビジネスは、それを実現する手段としての位置づけである。しかしビジネス性が強くなることで、活動本来のミッションと乖離したり、事業に振り回される「チャリティとビジネスのジレンマ」（平山一九九六：一二二―一二六）という問題も発生するようになった。このように市場セクターとの重なりに発生する営利・非営利問題にどのように向き合うかが、現在、問われている。

こうした動きに関して、欧米では旺盛な起業家精神と明確な社会的使命をあわせ持つ「社会的企業(social enterprise)」に関心が集まっている。イギリスでは、一九八〇年代保守党政権下の補助金カットにより、多くのボランタリー組織が財政難になり、行政の下請けになるか、あるいは独自の自主財源のしくみを作るか、選択を迫られた。そこから補助金や助成金と自主事業を混在させながら、財政的自立を目指す社会的企業への動きが生み出されている(西山二〇〇六)。中には、自治体所有の土地や建物などをアセットとして借り上げ(あるいは安価に買い上げ)、安定的な事業費を確保しながら、住宅開発や公園管理などの事業を実施する社会的企業も見られる。また日本でも、企業活動を通した社会貢献の活動、ホームレスの自立支援、まちづくりの領域などで社会的企業が注目されつつある。

財政基盤の弱いボランタリー組織が委託事業に依存することなく、組織の自立を目指すためには、企業的手法を導入し、公益的活動を継続する社会的企業へと展開する過程に、大きな可能性があるように思われる。

四　まとめ——新たな市民社会の創造に向けて

近代市民社会の担い手として想定されてきたのは、自らの意思で積極的に行動する「自立した主体」であった。生産活動に有用ではない高齢者や障害者、貧困層、マイノリティ等の問題を私的領域に不可視化することで、経済発展に貢献する自立的主体を中心とした理念的市民社会が形成されてきたといわれる。

しかし阪神・淡路大震災の現場で立ち現れたのは、地域社会で暮らす多様な人々の存在であり、一人暮らしや要介護といった他者の支援を必要とする人々の割合が異常に高い超高齢社会の縮図であった。こうした人々が社会の大きな位置を占める超高齢社会においては、近代市民社会が想定してきた自立した市民ではなく、他者の苦しみや痛みから立ち上がり、他者と支え合いながら生きる市民を中心にすえた社会原理を探る必要が出てくる。

多くのボランティアは、被災者の抱える「生」の問題を、個人的問題として私的領域に封じ込めるのではなく、社会で取り上げるための様々な政策提言の活動を展開してきた。それは、被災者生活再建支援法の制定、ＮＰＯ法の制定、市民によるアクションプランの策定、という権利要求や政策提言を中心とした活動として具体化されていた。それだけでなく、制度で保障されないような人間のニーズや生きる権利を支えるために、非営利事業など様々な手法を導入しながら、支え合いのしくみづくりを実践している。その実践は、自ら地域問題の解決に取り組み、他者との新たな関係性を取り結ぶことで、これまで社会に潜在化してきたニーズを浮かび上がらせる過程でもあった。その意味で、市民の実践的な提言活動だと考えることができる。つまり市民活動団体は制度やシステムの変革に加え、独自のしくみづくりにより社会から孤立する人々の「生」にまなざしを向け、支え合う大切さを社会に提起しているのである。

このように阪神・淡路大震災を一つの契機として、様々な市民活動が誕生した。彼らは震災時に命がけで発見した「命の大切さ」「支え合いの大切さ」を地域社会で実践するために闘い続けている。それは多様な人々がお互いの存在を認め合い、人間の存立を支え合う根源的関係（サブシステンス）のための闘いだといえる。

サブシステンスを基盤とした新たな市民社会とは、多様な市民がお互いの「生」の固有性を尊重しながら、他者に応答していく社会であり、少数派が排除されないような社会である。そうした市民社会を形成するには時間がかかるかもしれない。しかし被災地から発信されているボランティア活動の実践から言えることは、新しい市民社会の価値や実践が日本で確実に広がりつつあるということだといえよう。

参考文献

渥美公秀（二〇〇一）、『ボランティアの知―実践としてのボランティア研究』大阪大学出版会。

岩崎信彦（一九九八）、「『国家都市』神戸の悲劇と『市民社会』の苦闘―阪神大震災から見えてくること」『地域社会学会年報』一〇：一―一八。

栗原彬（二〇〇〇）、「市民政治へのアジェンダ―生命政治の方へ」『思想』岩波書店、九〇八：五―一四。

神戸大学震災研究会編（一九九七）、『阪神大震災研究　2　苦闘の避難生活』神戸新聞総合出版センター。

震災復興市民検証研究会編（二〇〇一）、『市民社会をつくる―震後KOBE発アクションプラン』市民社会推進機構。

――（二〇〇五）、『阪神・淡路大震災一〇年　市民社会への発信』文理閣。

生活問題研究会（一九九七）、『孤独死―いのちの保障なき「福祉社会」の縮図』仮設住宅における壮年層のくらしと健康の実態調査報告書、生活問題研究会。

中村雄二郎（二〇〇〇）、『中村雄二郎著作集　Ⅱ　臨床の知』岩波書店。

西山志保（二〇〇六）、「社会的企業による最貧困地区の都市再生―ロンドン・イーストエンド『環境トラスト』にみる新たなコミュニティ・ガバナンスの展開」東京都市政調査会『都市問題』第九七巻第3号。

――（二〇〇七）、『改訂版　ボランティア活動の論理―ボランタリズムとサブシステンス』東信堂。

花崎皋平（二〇〇一）、『（増補）アイデンティティと共生の哲学』平凡社。

平山洋介（一九九六）、「草の根からの都市再生」早川和男編『講座現代居住3　居住空間の再生』東京大学出版会。

鷲田清一（一九九九）、『「聴く」ことの力』TBSブリタニカ。

付記

本章は、二〇〇六年三月四日に行われた日本学術振興会シンポジウム「新たな市民活動の展開—ボランティアからNPO、ソーシャル・エンタープライズへ—」での報告をもとに大幅に加筆・修正したものである。なお阪神・淡路大震災後のボランティア活動の詳細については、西山（二〇〇七）を参照のこと。

第2章　市民の活動の歴史的経緯から見た役割と可能性
――何を求め、どう進んできたのか

中村　陽一

はじめに

私は、三〇年余り社会運動、市民運動、協同組合運動、そして九〇年代以降はＮＰＯ／ＮＧＯ、市民活動と呼ばれる動きの現場とも関わりながら、民間在野と研究の場とを往復してきた。この一〇年余りは大学に本拠を移しているが、現場との関わりでは、そこにある経験知・暗黙知を重視しつつ、知の編集や（専門知・形式知との）触媒を担う役割にこだわってきた。特に、六年余り前から身を置いている研究科自体が、「社会デザイン」という方向を積極的に実現していこうとする場であることも、私にとっては一種の推進力となっている。それは、職業生活を編集者として始めた一九八〇年以来、ずっと胸の奥底で渦巻いている（なじまないいい方だが）「研究編集者（編集者的研究者、実践家的研究者…etc.）」とでもいうありようの半永続的な追究であるかもしれない（もっとも、実際はそんなにカッコいいものではなく、泥くさい悪戦苦闘の連続だが)。

二一世紀に入り、環境や地域紛争など前世紀からの宿題に加えて、新しい形の貧困や社会的排除(social exclusion)が大きな課題となってきた。その解決のため、政府行政・民間企業・NPO／NGO等の組織はそれぞれどのような役割を担うのか。また、近年、重視されることの多いセクターの垣根を超えた「協働」は、どこまでの有効性と可能性を期待できるのか。いずれにしても、その際、従来の発想と方法論を超え、社会の仕組みや人々の参画の仕方を変革し具体的に実現していくことが必要になってくる。そのような思考と実践を、私は「社会デザイン」と呼びたい。

こうしたなか、一九八〇年代半ば頃から新しい形で注目を集めることになってきた、福祉・環境・まちづくり・国際協力などの、地域の人々の自発的な諸活動は、「市民活動」という呼び名で今日認識されるようになっている。かつて、私も四人の総括メンバーの一人として参加した「ボランタリー活動推進のための仕組づくりに関する調査研究」(日本ネットワーカーズ会議)では、そうした活動を「個人の自発的意思による参加と運営にもとづいており、個別私的な関心・問題意識から出発しながらも、何らかの社会性・公共性を帯びた、民間非営利の、多様で一定の継続性を持った諸活動」と定義付けた(中村・渡辺一九九五)。

こうして、それらの活動は、地域社会のなかでネットワーキングを推し進め、より成熟した社会形成の基盤となることを期待されてもきたのである。NPO／NGOをめぐる近年の論議の高まりを、まずはこのような文脈のもとで理解することが可能だろう。私は、この一連の動きを、同時代の内外の地域の現場を四半世紀以上にわたり歩き続けるなかで「生活の場からの『地殻変動』」ととらえ、ボランタリーな市民活動の現状や意味、多様な社会的・経済的主体のネットワークを運営主体として含みこんだ社会・経済システムへの組み替えのビジョンについて現場との往復運動のなかで考えてきた（現在私が携わっている仕事からいえば、コミュニティデザインや社会デザインの構想ということになる。http://www.rikkyo.ne.jp/~z3000142/sd/index.html 参照）。

一　NPO前史としての市民の動き

現在のボランタリーな市民活動は、問題点の指摘や告発、あるいは反対運動だけに留まらず、ではどうすればいいのか、そうするためにはどのような構想、政策、それを実現する手段やプロセスが必要なのかという点を、実際の活動を通じて身をもって提案するとともに、めざす状況を自ら創り出そうとするところに新しい特徴を見出すことができる。こうした特徴については筆者を含め多くの論者が述べてきた（たとえば、中村一九九九）。すなわち、社会を変革する力、イノベーションを起こす機能、コミュニティを再編していく機能（コミュニティ形成機能）、新しい政策や社会づくりへの提言・提案を含むアドボカシーといわれる機能等々の特徴である。

しかし、日本でもNPOという言葉が、ボランタリーな市民活動を象徴するものとして広がるようになって一〇年余り、通称NPO法ができてから一〇年、折しも、現象として表れていることを見ていると、たとえばＮＰＯということばが、かつて鶴見俊輔が「お守り言葉」（鶴見一九四六）という表現で表した、意味の曖昧なある種のマジックワードとして、良くも悪くも何でもありという状況で使われているのではないか、という疑問なしとはしない。鶴見が見ていた戦後まもなくの社会状況、文化状況と現在のそれとでは、もちろん違う点も多々あるが、ＮＰＯといっておけば安心という雰囲気はないだろうか。それと同様、市民・市民社会ということばが、ＮＰＯと同じく「お守り言葉」として使われ、意味がどんどん拡散していくといった状況もあるのではないか。実際、それをとらえてのＮＰＯ批判、市民批判も出てきている。

したがって、もはやＮＰＯを、あるいはＮＰＯをめぐるさまざまな議論を、一九九五年の阪神・淡路大震災以降の流れのなかでのみ考えていたのでは、こうした今出ている現象としての問題点にきちんと答えることはできない。また、先に述べたように、私たちがボランタリーな市民活動とはこうであるはずだと考えたようなものとしてＮＰＯを展開していくにはどうすればいいのかについても、答えは見つけられない。

日本にはキリスト教の土壌がないため、ＮＰＯは根付かないという主張はいまだに根強い。確かに欧米などのＮＰＯの活動を見ているとキリスト教的な背景が色濃くあるのは事実だが、では日本に宗教の教義こそ違えど、そういう背景が全くなかったかというとそうではない。すでに多様な指摘や研究がある通り、たとえば、結・講・座等々、さまざまな人と人とのつながりのなかで相互扶助を行っていく仕組みが存在した。そうした相互扶助的な仕組みは、歴史のなかで形を変えつつ、たえず再生してきている。

そこでまず、ＮＰＯ前史を大きく三つくらいの流れから、仮説的に述べておきたい。以下、紙幅の都合もあり、極力簡潔にまとめていくことにする。

1 市民・生活者というキーワード――べ平連、生活クラブを例として

第一の流れは、市民や生活者、ときに住民というキーワードをシンボルとした流れである。いわゆる大文字の政治のなかでの、戦後続いた保革あるいは左右の対決のみに活路を見出すことに困難を感じた人たちがおり、一方で高度経済成長のなかで（公害に象徴されるような）地域の住民の健康や生活の破壊、それによる地域社会そのものの破壊、あるいは有害不良食品や、食品添加物の問題の顕在化、農業が徐々に工業化することによる弊害など、身近な生活をめぐる諸問題にいち早く目を向けた人たちがいた。また、敗戦の記憶が生々しいなかで、再び日本（の政府）が間接的であれ戦争に加担したり、巻き込まれていくのではないかという危惧を感じる人たちがいた。そうした人たちがそれまでのようにイデオロギーを掲げてというよりは、むしろ等身大の所から、自分の隣にいる人たちや自分の暮らす地域を出発点にして、市民や生活者といったことばをキーワードにしつつ登場してくる。奇しくも一九六五年、象徴的なことに、「べ平連（ベトナムに平和を！ 市民連合）」と「生活クラブ」が共にスタートした。

一九六〇年以来、安保闘争の一種の敗北感がただようなかで、集合的な社会運動は推移してきたのだが、目を地域や生活に転ずれば、そうした新しい動きが生まれていた。ただし、べ平連や生活クラブの担い手、特にリーダー層が今までと全く違った新しい担い手であったのかというと、そうとはいい切れ

ない。特に初期には、たとえば、それまでの、いわゆる左翼的な運動に参加するなかで厳しい現実を味わい、運動の問題点を感じて、質の違う行き方を模索しようとした人たち、あるいはまた労働運動のなかで、同様の敗北感や幻滅を感じて、目を地域に転じようとした人たち、こうした人たちも担い手として少なからずいた。

しかし、そういうなかに当時の青年であった世代、多く「団塊世代」が、運動表現や組織原理の新鮮さに魅力を感じ賛同して運動に加わってゆくといった担い手像があった。べ平連の当時若手だった関係者にインタビューをすると、そこは当時の大人たち、戦後の運動もさまざまに経験してきた大人たちから、自分たち若者が社会というものを学ぶ場でもあったと今にして思うという声が少なからず聞かれる。このように当時の担い手は、すでに大人であった戦前生まれと、若者であった団塊世代との混成メンバーであった。

べ平連と生活クラブが運動現場にもたらした新しい意味は大きかった。たとえば、べ平連の発足となった最初の集会・デモの日の有名な呼びかけ文冒頭の「私たちは、ふつうの市民です」ということば、生活クラブが掲げた「おおぜいの私」という「キャッチコピー」、ともに四〇年以上前においてはきわめて斬新なものだった。活動家や思想的な勉強をしっかりした人というよりは、ごく普通の生活を営む市民(ここでの市民の位置付けは、ヨーロッパ市民社会の伝統に基づく市民というよりは、普通の人びとに近い)、また、「おおぜいの私」という表現も、我々でもなく、私たちというわけでもない、私という個人がたくさん集まり、おおぜいの私を構成して、そこから活動が始まるのだ、という発想をとっている。イデオロギーで囲われてしまう我々ではなく、一人ひとりの感性や感覚を大事にしながら、全体としておおぜいの私であったり、普通の市民であったりする集合として、社会に何かを投げかけていこう、というものであった。もちろん、べ平連と生活クラブは別々の運動であり、必ずしも交流が深かったわけではない。むしろ、緊張関係もあったと聞いている。しかし、共に同時代性を色濃く刻印された運動であった。かつてべ平連に参加した人たちが、ベトナム解放三〇周年を記念して作成したDVD（これはベトナム戦争証跡博物館に収められている）を学生などに見せると、今日NPOが語っている主張やメンタリティと非常に近いものがあると驚くことが多い。

べ平連は組織ではなく、運動であると位置付けられていたので、べ平連とNPOはイコールではないが、たとえば、個人の立場から出発して戦争を拒否していくといった考え方は、NPOに近いものがある。べ平連もお手本にしたといわれる行動原則に、かつて三井・三池闘争のなかで谷川雁たちによって担われた「大正行動隊」の三原則がある。これは、①やりたい者がやる、やりたくない者はやらない、②やりたい者はやりたくない者に強制しない、③やりたくない者はやりたい者の足をひっぱらない、というものだが、これは単純に見えて、運動のなかで実行するのは非常に難しいことで、往々にして二番目と三番目の原則は上手くいかない。そこにいろいろな抗争が起こるのだが、べ平連も少なくとも自己意識のなかでは原則をそういうところに置こうとしていた。

こういう発想も、問題を感じた個人が行動を起こし、それに共鳴した人びととつながっていくのだというボランタリーな市民活動の発想に近いものがある。今日から遡ればこのような共通点が見出せる。

現実にもこうした市民や生活者をシンボルとした市民運動の多くの経験者が、そこで感じていた課題をふまえたうえで今日のＮＰＯに参加してきている。その意味で、日本でＮＰＯが阪神・淡路大震災以降急速に広がる根底にあったメンタリティーは、突然出てきたものではなく、このような一九六〇年代半ば以降の市民運動と相通じている。

生活クラブは、反戦運動ではなく、食の問題を最初の切り口とし、流通の仕組みや、さらに日本の消費社会を動かしているものに異議申し立てをしていった。べ平連が、小田実、開高健、鶴見俊輔など当時すでに著名だった知識人・文化人といわれていた人たちに引っ張られていた面が一方ではあったのに対し、生活クラブの場合は、創始者の岩根邦雄（彼は、安保闘争のなかで社会党員になった、いわゆる「安保党員」で、カメラを構えて安保闘争を撮るうちに、自分が参加するようになった）が世田谷区で青年運動を起こしていこうと政治運動を開始し、区議会議員選挙にも立候補したが、一九六〇年代の高度成長まっ只中で、地域に青年男性など不在のなか、日中、地域にいるのは、専業主婦と子どもだった。そのことに思い至った岩根は、担い手を主婦に委ねていった。当時社会党や労働組合の幹部には、「岩根は女子どもといつまで遊んでいるんだ」といわれたという。

当時の人口動態や家族構成の変化を見ると、地域の主婦層はそれ以前の世代よりも高学歴化が進んでおり、短大卒以上の女性が、短い就職を経験して結婚とともに退職し、核家族を構成していった。そこにはもちろん、性別役割分業という前提があったのだが、こうした動向は急速に広がっていた。専業主婦は当時、「永久就職」ということばもあったように、それ以前の女性たちが家業も含めた厳しい労働に従事しながら家事・育児をこなしていたのとは違って、家庭に種々の電気製品が導入されていった時代でもあり、専業主婦は若い女性たちに憧れられた時期でもあった。

比較的高学歴の主婦たちは、戦後民主主義の洗礼を受け、少なくとも結婚までは夫とも対等に近い立場を前提とした恋愛結婚が増えてきた世代であった。主婦たちは、以前より進んだ権利意識や主体としての意識をもっていた。そんななか、生活クラブや後に広がっていく生協運動は「民主主義の学校」ともいわれ、主婦層の自己実現や社会との関わりを満たしていく場にもなっていった。生活クラブは、世田谷という、東京のなかでも文化度が高い地域の、世帯収入も平均より高い、いろいろな問題を考える余裕もある、そういう人たちが中心となって担っていった。

その活動は十円牛乳運動から始まり七〇年代半ばには生鮮食品、豚の一頭丸ごと共同購入にまで至るのだが、女性たちの目は、食物をめぐり進んでいた大企業による寡占状態、そこから生み出される流通の矛盾（健康や生命第一ではない加工製品の増大）、口に入れるもの、子どもに食べさせるものの素性の不確かさ、危ない成分の混入の問題へと及んでゆく。そして、それはいったいどこに問題があるのかをたどることにつながっていく。たとえば豚肉やその飼料がどういうものであるかの確認にまで進む。食をめぐる議論を生活の現場から批判的にとらえかえしていく、そういった発想は一九六〇年代において非常に新しかった。後に「台所から政治へ」といった言葉が登場したように、台所を預かっていた主婦の感覚からスタートして社会性へと結び付くところに展開していったのである。

生活クラブは、スタートして三年後に生活クラブ生協となるが、生協をめざした運動ではなく、食を通した社会運動であった。ただし、女性たちは自分たちの感覚で岩根の投げかけを受け止め、面白いことに岩根の問題提起を「優れて誤解」することで、独自の運動が生み出されていくこととなっていった。

このように、一九六〇年代から市民と生活者を主軸として発展した、市民運動の流れがある。

2　生活の場からの「地殻変動」——自らの暮らしと地域のデザイン

一九八〇年代、日本社会が高度大衆消費社会に本格的に突入し、政府の財政難も取りざたされるなか、それまでお上任せ（行政任せ）、企業任せであった「ビジョン」に、多少批判し、おざなりの抵抗をして、ちょと付け加えるというだけでは、どうもダメなのではないか、むしろ自らの地域の暮らしや地域そのもののデザインを自分たちが主体となって構想し、計画し、行政や企業とやりとりをして自らが創っていかないと、求める安心安全な社会は創出できないのではないか、という発想が地域に見え始めるようになった（まだ決して主流ではなかったが）。

そうした動きは、抽象的に始まったわけではなく、環境をめぐる問題、福祉をめぐる問題、まちづくりをめぐる問題のように身辺の具体的なケースをきっかけに、地域住民が徐々にそういう発想をする時代が始まった。

これは私がちょうど「生協だけじゃものたりない」（中村一九九一－九三）という連載のため、地域の現場を歩き始めた時代と重なっている。「普通の人々」による生活や地域のデザインという発想が、まだ主流をなしているとはいえないがすでに始まっているのではと肌身で感じ、現地のさまざまな調査の記録を書くなかで、私はそれを「生活の場からの『地殻変動』」と名付けた。

これが、市民・生活者をシンボルとした第一の動きと少し異なるのは、まずテーマがより地域の住民の生活に密着したものになってきていることである。年老いていく親の面倒をどうするのか、それまでのように行政任せ、公的福祉頼みではうまくいかなくなった。かといって、かつてと家族をめぐる状況が違うなか、家庭介護でやっていくのも難しくなっている。やはり、自分たちが地域で横につながり、力を合わせて、活動を創り出し役割を担い、行政にも問題提起をしていくというやり方を取らざるを得ないのではないか、という発想が出てきた。地域の環境の観測を住民自らが行いながらデータを取り、具体的な形で地域の環境破壊を訴え、解決策を行政や多様なアクターと考えていこうという動きも出てきた。これにちょうどタイミングを合わせるように、地球環境意識がグローバルなところから顕在化し、環境問題は、八〇年代後半以降今日に至るまで、地域だけではなく、中央政府や企業が力を合わせて取り組まなければならないテーマとなっている。

まちづくりについていえば、高度成長が終わり、国土開発計画がそれまでの開発優先では立ちゆかなくなって、地域経済、地域の商工業の空洞化のなかで逆にその活性化をどう図るか、という問題意識が出てくる。従来の画一的な上からの「都市計画」ではなく、具体的なまちづくりに地域の住民がどう関わるか。自らが住むまちや地域は、自分たちで何らかの力を発揮し、つながって問題提起をし、つくっていかないとやっていけないのではないか、という意識に基づいた動きが第二の流れとしてあった。ここからたくさんの人たちが今日のＮＰＯに流れ込んでいる。

3　新しい仕組みづくりへの志向

三つ目の流れは、先の二つとは異なり、社会の改革や改善を推進していくものとしてNPOなどの仕組みを具体化したいと考え始めた人たち、いわば次の社会や仕組みづくりを志向した人たちによるものである。担い手は、先の二つと重なる部分もあるが、仕組みづくりを目的意識的に考える人として、たとえば海外とのやりとりのなかでNPOの仕組みを学んだ人たち、日本では、一部の財団や国際機関や国際協力活動関係者、ジャーナリスト、研究者、その他専門職の人たちなどであった。

そこにもちろん、現場経験のある市民活動の担い手たちが一緒に勉強するといった流れが出てきた。ネットワーキング研究会から日本ネットワーカーズ会議といった流れなど、こうした動きは確実に日本のボランタリーな市民活動を担う推進役になってきたといえる（久住・槇・中本・中村・播磨二〇〇二）。

以上三つの流れが、一九六〇年代半ば以降、とりわけ一九八〇年代にさまざまな展開を示しながら、ときには相互乗り入れしつつ進んできた。一九九〇年前後から特に第三の流れで仕組みづくりを志向する人たちが海外のそれを積極的にもたらすようになり、社会的な仕組みとしてのNPOを日本にも導入できないかという動きになってくる。ここで大きかったのはやはり、少子高齢社会への対応がこのままでは非常に厳しい、政府は頼りにならない。そういう状況から生まれた問題意識であったが、多くの人が活動しやすい仕組みをしっかりとした形でつくらないといけないのではないかという気運が満ちてきた。つまり、阪神・淡路大震災より前に市民の立場からの法制度や仕組みづくりに向けての動きや勉強会は始まっていた。一方政府行政レベルでは、高齢化対応で、ヘルパー大増員計画などを進めながら、なかでもボランティア活動に期待していかなければこれからはもたないという発想から、仕組みづくりへの研究がなされていた。その具体的な取り組みの表れが、ボランティア支援立法への動きであった。これらの流れが九〇年代前半にあり、その只中で阪神・淡路大震災が勃発し、多くの人がボランティアとして全国から現地にかけつけ、被災者救援にあたる。その様を見て、さらに多くの人がこうした活動が今後の社会を支えるうえで大切であるという考えを強くもつに至った。

以上三つの流れは、それぞれ活動しつつも互いに資源を提供しあって、新しい仕組みをつくりたいという動きになり、必ずしも全面的に合流したわけではないが、どの流れからもNPOへの志向が生まれてくるということになっていった。

二　NPO／NGOの社会的な役割と位置

一九九〇年代後半は、日本社会の人口動態や社会構造が非常に早いスピードで変化し、この現実に対応する社会的な制度・仕組みとミスマッチを起こしていった時代であった。それが顕在化するなか、NPO／NGOに求められる社会的役割や位置付けに光があてられ、福祉国家の衰退を受け次の社会をどうするか、今後の福祉社会をめぐる議論となっていった。今後の福祉レジームをめぐるエスピン・アンデルセン（二〇〇一）の議論をふまえれば、日本は保守主義の高齢化進展ケースにあてはまり、そこにおいてＮＰＯ／ＮＧＯ、あるいはボランタリーな市民活動がどの位置でどのくらいの役割が果たせるのかが大きいという議論もなされることとなった。

ただ、「政府の失敗」「市場の失敗」にふれ、政府行政部門、民間営利部門、そしてＮＰＯ／ＮＧＯなどサードセクターを平面上に並べてみても、今後の社会デザインのなかでのそれらの位置関係は実は明らかにならない。**図1**の肝腎なところは、人々自らによる第三の部門が、政府行政と民間営利企業とコミュニティ（地域性と成員の協同性の両側面からとらえたい）との間で、周囲に化学反応を生み出していく触媒としての役割を期待されているということである。政府行政も民間企業も問題を抱えているから、これからはＮＰＯ／ＮＧＯが主役だという単純な図式ではなく、二一世紀は各セクター間、それらに属する多様な組織間、そしてコミュニティも視野に入れたさまざまな場の間に形成される協働関係が社会デザインのひとつの鍵となる。

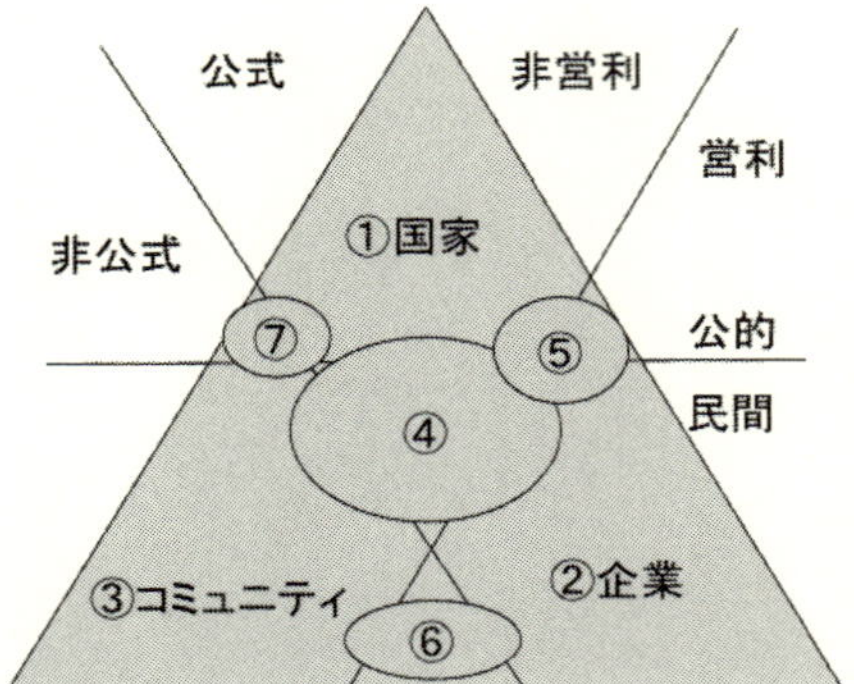

	性格区分			組織区分
①	非営利	公的	公式	国家（行政対）
②	営利	民間	公式	民間企業
③	非営利	民間	非公式	コミュニティ（家族・近隣・地域）
④	非営利	民間	公式	NPO 等
⑤	営利	公的	公式	公的企業
⑥	営利	民間	非公式	コミュニティビジネス等
⑦	非営利	公的	非公式	

図１　21世紀社会デザインのなかでNPO/NGOの社会的位置（性格）

（出典）中村（1999）、9頁

ＮＰＯ／ＮＧＯは現場性を強くもつがゆえに、その触媒作用によって、政府行政や民間企業、そしてコミュニティに刺激を与え、アドボカシー（提言・提案を含む一連の具体的アクション）機能を発揮してそれらの革新（イノベーション）を促すとともに、変化する時代と社会のなかで、課題解決の担い手が不明確になっている場（多くそこにこそ、緊急のやむにやまれぬ問題が発生している）で自ら動く。

では、現代のＮＰＯ／ＮＧＯに特徴的な、また必要とされる社会的役割とは何だろうか。第一に、社会的公共的な財・サービスの提供である。緊急の解決が求められているにもかかわらず、その担い手が必ずしも明確でないことから対応がなされていなかったり、遅れたりしている、やむにやまれぬ社会的課題と関わって、ＮＰＯ／ＮＧＯは自らこの役割を発揮する。ただし、ＮＰＯ／ＮＧＯは社会サービスのためだけに登場してきた組織ではない。体のいい安上がりの下請けに陥らないために大切なのが、第二の役割である現場からのアドボカシーである。

ＮＰＯ／ＮＧＯは現場や地域密着で活動するからこそ、そこでの矛盾や問題点が具体的な形で見える。それが行政とは大きく異なる持ち味でもある。したがって、第一の役割と第二の役割とは、相互に補完し合うものといってよい。

第三の役割は、個人と（市民）社会をつなぐ新しい中間組織というものである。個人は直接に社会とつながるというよりは、何らかの媒介となる場を通じて社会とつながり、その一員として何がしかの貢献をなすとともに、自らのアイデンティティを統合したり、自己実現を果たすことが多い。このことは、社会にとっても、フリーライダーが増える可能性を減らし、その安定性を実現するうえで重要なこととなる。

職場や学校など以外に、従来は、町内会・自治会・子ども会・婦人会・老人会など地縁的性格をもった組織が、地域社会においてそうした場となってきたが、現代では、（地域差があるとはいえ）一般にその機能は低下している。そんななか、NPO／NGOは自らが関心をもったり、必要があったり、また楽しめる活動から入ることが可能という間口の多様さ、敷居の低さ、自発性に基づく基本性格、などにおいて、新しい中間組織として機能する可能性をもっているといえる。

日常生活のなかで、残念ながら、人は「正しさ」（たとえば、社会やコミュニティへの貢献、運動としての正しさ）だけでは行動できないことが少なくないし、また、何かやろうと思ってもいったいどこで何をすればいいのかが具体的にならないことも多い。そんなとき、「正しさ」と「楽しさ」（や豊かさ）を合わせて求めながら、人々のなかに「行動の起動力となる精神のバネ」（鶴見一九六六）を生み出そうとしていくことが、今後のNPO／NGOにとって大事な活動領域となることは間違いない（**図2**）。NPOと民間企業との協働の可能性はこうしたところから広がる。具体化途上とはいえ、CSR（企業の社会的責任）へと向かう今日の議論がそれを後押しする可能性も大きい。

しかし、実は図2左下にある領域もまた、過去のすでに終わってしまった事柄ではなく、NPO／NGOにとって今後とも重要な活動領域となっていくはずで、それが、第四の役割、当事者発の社会的企業である。古典的な貧困とは異なり、社会的排除は半ば合法的とさえ見えるあり方（たとえば本人の選択や行動の結果と見えるようなケース）で、人を雇用や教育や文化的な生活への参加から社会的・構造的に遠ざける。それは、一見豊かに見える国々や社会のなかで広がっており、EUでは解決を要する重要な課題とみなされている。日本の社会もまた例外ではない。

だが、社会的排除はこれまた構造的に不可視にされていることが多く、まず、当事者の声と実態を可視化することが必要となる。そのとき、資源に乏しい当事者と共に活動することを期待されるのが、社会的な課題に事業的手法をもってあたり、資源を獲得しつつ可視化を図ることで社会的排除に立ち向かうタイプの（市民）事業組織であり、それらは社会的企業やコミュニティビジネスという形で展開し始めている。

また、多様な「臨床的」専門家、実務家、ソーシャルワーカーといった多く現場で苦闘している人々（行政に所属する人々も含む）が、点で孤立しがちな現状を超え、ネットワーキングを進めていくことも、

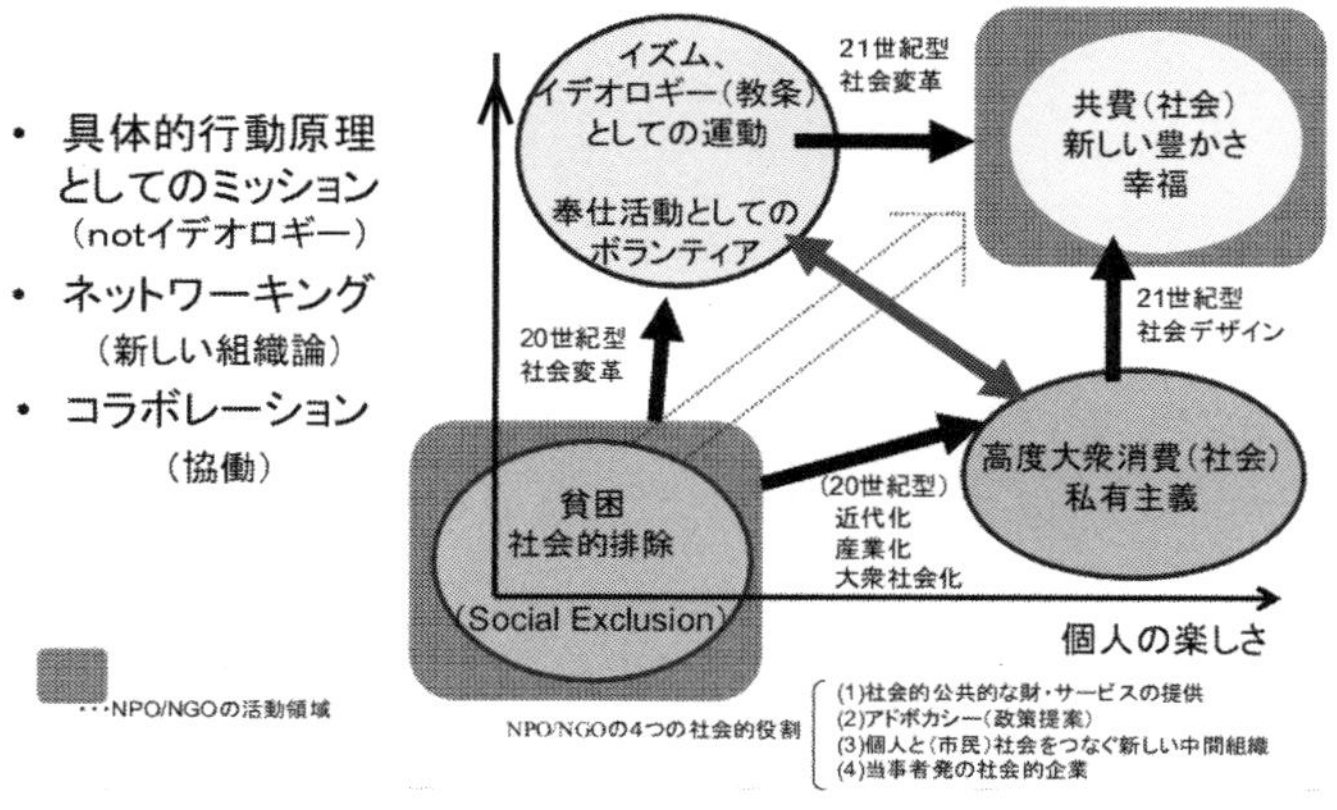

図2　21世紀社会デザインとNPO/NGOの社会的位置・役割

（出典）中村（2004）、38頁

とりわけこの領域にあっては、日々重要性を増している。

ここにおいて、ＮＰＯ／ＮＧＯをはじめとした市民（事業）組織は、企業や行政との緊張関係のなかでこれまで蓄積してきた（資源動員の）戦略、ウォッチング（監視行動）やデモンストレーションやボイコットといったスキル・戦術も必要に応じて織り交ぜながら、実績とコミュニケーション能力の両面から、幅広い人々の共感と支持を獲得していく力を求められるようになっている。

三　実践論としての社会デザインとＮＰＯ／ＮＧＯの可能性

二〇〇七年一月末、「参与連帯」はじめ韓国の市民運動のリーダーや研究者と討議をする機会があった。一九八七年の民主化を経験し九〇年代に台頭してきた、いわゆる「三八六世代」が韓国社会の現場で直面している課題はもちろん単純ではないが、そこには、運動と組織の草創期から次なるステップに移行するなかで、自分たちの運動と組織は「何のためのもの」なのか、また「誰のもの」なのか、をめぐる試行錯誤も確実に含まれているのではないか、と私は感じた。三〇年近く関わり続けてきた日本の市民活動についても、実は同様の現実があると筆者は以前から考えている。

ＮＰＯは事業活動を行うところに大きな特徴をもつと同時に、多くは運動性を失うまいと考えている。運動のエンジンとしての事業をきちんともつ、つまり運動性のなかに事業性をもつ、そして同時に、事業性のなかに運動性をもつ、つまり事業の羅針盤としての運動性やミッションをきちんともつ。運動と事業はかつていわれたように分かれるものではなく、車の両輪のように考えるのでもなく、重層的に考えなければいけないだろう。

そこで大事なのは内発的発展という方向性とどう結びつくかではないか。歴史的な流れを冒頭で重視したのは、内発的発展を考えるうえで不可欠な作業だからだ。内発的発展論には周知のようにいくつかの議論があるが、私は個人的にも鶴見和子の著作集編集協力のなかで話を直接聞く機会があり、その思想をまずベースにしたいと思う（鶴見一九九九）。

それは西洋をお手本にした単一の発展モデルとしての近代化に対置される概念である。つまり日本も含む後発の非西洋社会もそれぞれの社会の伝統に基づいて、あるいは自然の生態系に適応して、多様な発展の仕方がある、という立場に立つ。

そこには以下の五つの特徴がある。まず第一にこれは一般理論ではなく、多様な事例を記述する方法論についての考察があり、複数事例の記述に基づいて仮説を導き出す過程にある原型理論として提出されており、第二に分析の単位は地域であり、第三に自然と人間との共生を視野に収め、第四に一つの地域に世代から世代へと受け継がれた社会構造・技術・精神構造・情動の型である伝統の革新ないし再創造をめざし、第五に担い手はエリート層ではなく、キーパーソンとしての「小さき民」が想定されている。具体的には権力の奪取をめざさない運動を担う人々による活動の姿をしばしばとる。

今後、データベース構築につながりうるケーススタディを積み重ね、人々がさまざまな引き出しを自在に活用できるようなシステムや場をつくっていく、そういう実践的研究が求められていくだろう。おそらくそこからでないと社会デザインは簡単には実現できない。

今後の社会デザインのポイントとして、一つには個別具体的な地域再生をどう進めるのか。二つ目に環境とか世代間とか、人と人のつながりという側面からの共生、まさに本巻のテーマである多元的共生でもある。三つ目に人材育成という要素。この地域再生×共生×人材育成を足し算ではなくて掛け算の世界で、具体的には道遥かだが、市民社会の構築に向けていく。長い時間をかける必要があると思うが、そのように社会デザインの方向性をもちながら、少し遠回りに見えたり、ゴツゴツした道を通りながらも、蓄積をしていくなかで得たものを、きちんと同時代、世代間で、縦糸と横糸を織り重ねていくような営為につなげていくことが、多元的共生と市民社会という本巻のテーマにもつながる展望として大事だと考えている。

以上を進めるためには、地域や生活といった足元、根元からのたたかいが不可欠である(グローバリゼーションと対峙するがゆえの地域での取り組みや、「生活を変えよう」といったキャッチコピーを想起したい)。それは、夢を現実のものにしたいと格闘する市民が、「後戻りできない市民」(吉川二〇〇三)として、経験を「継承」しつつ積極的に担わなければならない社会的責任でもあると私は思う。

参照文献

アンデルセン、エスピン(一九九〇=二〇〇一)、『福祉資本主義の三つの世界—比較福祉国家の理論と動態』(岡沢憲芙・宮本太郎監訳)ミネルヴァ書房。

鶴見和子(一九九九)、『鶴見和子曼荼羅Ⅸ　環の巻—内発的発展論によるパラダイム転換』藤原書店。

鶴見俊輔(一九四六)、「言葉のお守り的使用法について」『思想の科学』五月号。

——(一九六六)、「すわりこみまで―反戦の非暴力直接行動」『朝日ジャーナル』八月一四日号。

中村陽一(一九九一―九三)、「生協だけじゃものたりない」『こーぷらいふ』コープ出版、六五―八八号(連載)。

——(一九九九)、「日本のNPO―二一世紀システムに向かって」中村陽一・日本NPOセンター編『日本のNPO/二〇〇〇』日本評論社。

——(二〇〇四)、「二十一世紀社会デザインのなかでの生協―新しい市民組織へ向けて」中村陽一・21世紀コープ研究センター編著『21世紀型生協論―生協インフラの社会的活用とその未来』日本評論社。

中村陽一・渡辺元(一九九五)、「日本におけるボランタリー活動の現状と課題」『ボランタリー活動推進のための仕組づくりに関する調査研究』日本ネットワーカーズ会議、一六頁。

久住剛・槇ひさ恵・中本啓子・中村陽一・播磨靖夫(二〇〇二)、「市民活動の軌跡―ネットワーキングからNPOまで」『日本ボランティア学会二〇〇一年度学会誌』。

吉川勇一(二〇〇三)、「ベトナムからイラクへ―平和運動の経験と思想の継承をめぐって」(聞き手・道場親信)『現代思想』六月号。

第II部　地域社会の実践現場から

第3章　多言語・多文化共生のまちづくり
——阪神・淡路大震災で気づいた多様なマイノリティたちの活力

吉富志津代

はじめに

現在日本では少子高齢化時代に向けた対応策の一つとして、外国人の入国管理の方向性についてさまざまな議論がある。しかし、現実には二〇〇七年に日本の外国人登録者数は、すでに二一五万人を超えた。さらに、毎年約一万五千人の外国人登録者が、日本国籍を取得している現状から、日本語を母語としない住民や外国の文化背景を持つ住民も「日本人」としての人口に数えられる。また、どちらか一方が外国人の親である子どもの多くが日本国籍を選択するが、彼・彼女らは、少なくとも二つ以上の言語・文化的背景を持つ。このように、ますます日本社会を構成する住民が多様になっていく将来の日本社会をしっかりと意識し、個人の尊厳が守られる社会的公正が実現する社会としての多文化共生社会を考えなければならない。

当初、政府に対する差別撤廃の運動が主流であった市民活動は、二一世紀になった現在、情報提供や相談活動、ボランティア日本語教室などのさまざまな支援活動とともに、地域での自助活動、互助活動のための外国人コミュニティの自立支援などを経て、日本社会側の住民意識をも変えていくさまざまな取り組みへと展開しつつある。

その流れの中で一九九五年に発生した阪神・淡路大震災は、被災した地域に暮らす外国人への視点をクローズアップし、国籍や民族を超えて「隣人意識」が優先された中での助け合いの精神は、その復興の過程で、地域のまちづくり意識へと進化させる契機となった。外国出身者などの多様なマイノリティたちをとりまく環境は、少しずつではあるが改善されていると言える。

そして、二〇〇六年三月には、総務省が「多文化共生の推進に関する研究会」を設置し、「多文化共生推進プログラム」の提言として発表した。ようやく国籍や文化背景に関係なく、そこに住む人の権利が守られるよう、地域、国、企業のあり方を考えるべきだという指針が国レベルで示されたのである。

ここでは、緊急時の救援活動から日常のまちづくりに移行する過程において、地域社会がどのように活性化されていったのかを、具体的な事例に基づいて明らかにするため、震災時に地域のボランティアの拠点となった鷹取救援基地がその前身である特定非営利活動法人「たかとりコミュニティセンター」(以下、TCC)に拠点を置く四つの団体、地震の支援活動で生まれた多言語コミュニティ放送局「FMわぃわぃ」、そこに集ってきた人たちを核にして始まった翻訳／通訳の技術をコミュニティビジネスとしてコーディネートする「多言語センターFACIL」、子どもに関する活動を展開する「ワールドキッズコミュニティ」、ＩＴ技術などでそれを支える「*ツールドコミュニケーション」について、その事業の意義と目的、効果を示したい。ＴＣＣは独立する一〇団体のネットワーク組織であるが、前述の四つの団体は、ＴＣＣに拠点を置きながら、二〇〇七年四月より事業グループ化をして「多文化プロキューブ・グループ」となった。

＊　この団体は二〇〇七年度で終了して、活動内容を「多言語センターＦＡＣＩＬ」の中に移行させている。

一　災害時の情報提供から始まった相互のコミュニケーション

震災当時、被災地には外国人登録者約八万人のうち約三万人が、言葉の壁のために十分な情報が得られなかった。市民が先行する形で始まった最初の被災外国人への救援活動は、母語による情報提供と相談窓口の開設だった。また、在留資格の種類によって被災者としてのサービスが受けられない場合は、地震で始まった市民のネットワーク組織「外国人救援ネット」が、その制度をめぐって行政との交渉にもあたった。情報提供は、その言葉のできるボランティアを組織化して、情報を選別、翻訳、それから印刷して配布するなどしていた。そこへ、関東大震災時のデマによる朝鮮人大量虐殺の歴史が頭をよぎって同胞のことを案じた大阪の在日韓国人がバイクで持ち込んだ放送機材により、韓国語と日本語のミニラジオ放送「ＦＭヨボセヨ」が始まった。それを機に、紙媒体の限界もあったことから、ベトナム語を中心とした五言語のミニラジオ放送局「ＦＭユーメン」も始まった。放送の目的は、情報提供だけではなく、メンテナンスを伴って問題解決することだった。このように震災時に、日本語の理解が不十分な住民への多言語による情報提供や相談窓口は、日常的に関わりのある人たちを中心に、何世代も前から日本に住みながらも制度や偏見によって不安を持っていた外国のルーツを持つ住民の声がけもあって、多くのボランティアが関わりながら始まった。

そして緊急時に浮き彫りにされた状況は、やがて恒常的な情報提供や相談機関となり、情報提供やそのためのしくみづくりそのものが、提供する側と受け取る側という一方通行の形ではなく、相互理解のための双方向のコミュニケーションを考えることだということに気づいていく。なぜなら、情報も可能性も双方にあり、「支援」として始めた活動の受益は双方にもたらされたからである。日常的なコミュニケーションによって、助け合える関係が生まれ、緊急時にも活かされるのである。こうして多様な言語、国籍、民族や文化背景を持つ住民たちとのコミュニケーションが進んでいった。

二　多様なマイノリティたちの発信活動

このような形で始まった情報提供活動は、これまで機会が少なかった、多様なマイノリティたちの発信活動へと展開されていく。ここではマイノリティたちが、「ラジオ」と「ビデオ」を発信の道具としてどのように活用し、地域社会にどのような影響を与えたのかを紹介する。

１　多言語・多文化コミュニティ放送が果たす役割

震災時に始まったミニ放送局「ＦＭヨボセヨ」と「ＦＭユーメン」は、趣旨を同じくして同じ長田区で始められたが、半年後に合併して「ＦＭわぃわぃ」となり、現在は多文化／多言語放送局として毎日放送を続けている。市民メディア運動が進む中で、「ＦＭわぃわぃ」は特にマイノリティ自身の発信を最優先し、(1)マイノリティのためのメディア、(2)マイノリティとマジョリティをつなぐメディア、(3)市民活動・地域活動のためのメディアというミッションを掲げて、ベトナム語、ポルトガル語、中国語、アイヌ語など一一言語で番組を、基準に従って放送している。

番組は、外国出身のマイノリティとして地域に暮らす当事者自身が中心的に担う形で、自分たちに必要な地域情報、日本の習慣やルールなどはもちろん、出身国のニュースや、文化／習慣、音楽などを日本語と外国語の両方で放送し、一方の言語しかわからない人でも何を話しているかが理解できるように組み立てられている。つまり、番組自体が双方向のコミュニケーションの道具として活用され、そこに集う人たちの交流を促進するのである。当初は地域住民に「外国人のためのラジオ局」というイメージを持たれていたが、「ＦＭわぃわぃ」は震災から一〇年を経て、ようやく商工会の「わがまち自慢」の冊子に掲載されるまでになり、楽しそうな番組の声に、思わずスタジオまで見学に来る地域住民もいる。

また、番組を放送する当事者たちは、地域社会ではマイノリティという立場で暮らしているが、ここでは自分が主体的に発信する立場として、自分の言葉でいきいきと番組に取り組んでいる。地域社会の中で役割を見つけ、社会の一員であることを実感し、これまで活かされてこなかったマイノリティが力を発揮し住民としての社会参画を促す。

2　マイノリティの子どもたちが拓く教育環境

親に連れてこられた子どもたちや、多様な文化的・言語的な背景を持って日本で生まれた子どもたちは、言語の問題によって授業では十分な学習ができずにいる場合や、「みんなと同じ」ことを求める日本の教育環境の中では排除されがちな立場となり、萎縮して自分に自信を持てなくなっている現状がある。言語の問題は深刻で、まだ言語形成途上の子どもたちが、根幹になる第一言語を習得できずに中途半端な言語形成のまま社会に出ていくケースも少なくない。その子どもにとっての第一言語は、必ずしも親の出身国の言語と同じというわけでもなく、母語、日本語の位置づけは一人ひとりの子どもの状況を把握する必要がある。その上で、その子にとっての言語を考えなければならない。

「ワールドキッズコミュニティ」も、その子どもの言語形成において欠かすことのできない母語学習教室を開催している。その目的は、(1)第一言語としての母語の習得によって日本語の理解を促進、(2)自分の出身国の言語を学ぶことで、その文化背景も知り、アイデンティティに誇りを持つ、(3)同じような立場の子どもたちが集まるという安心できる居場所づくり、(4)子どもを連れてくる親たちの情報交換や居場所づくり、(5)親と子のコミュニケーション言語の習得のため、などが挙げられ、子どもの親たちが中心になって試行錯誤を繰り返しながら、一人ひとりの子どもに合わせた母語学習教室を続けている。

「ワールドキッズコミュニティ」と「ツールドコミュニケーション」の協働の取り組みの一つに、子どもたちがビデオ作品で自分を表現し、地域での上映会やインターネットなどで発信する活動がある。子どもたちの少し年長の青少年のコーディネーターが中心になってボランティアを募集し、子どもたちと一緒に作品づくりをする。これまでにベトナム、ブラジル、韓国の子どもたちの作品ができあがった。この試行錯誤の創作活動によって、作品を仕上げてそれを評価された子どもたちが自尊感情を取り戻して自信をつけ、地域社会への積極的な関わりにつながったが、それ以上に一緒に作品づくりに関わったボランティアやコーディネーターの気づきは大きい。彼らはその多様な文化背景を持ち、悩んでいる子どもたちを通して、自分が今まで考えたことのなかった日本社会の課題を知って悩み、自身が「自分らしく」生きていくことを真剣に考え始める。その彼らが将来社会人として関わるあらゆる場面での影響を考えると、この子どもたちの創作が社会を変えていく大きなきっかけを作っていくのだと言える。また、ブラジルやベトナムなどのニューカマーの子どもの作品を見た在日韓国三世の子どもは、自分が発信することをあきらめていたことに気づき、勇気を得て自らも作品を仕上げた。ニューカマーの子どもたちも自分と同じ立場の先輩の作品が広く評価されていると自分も挑戦してみたいと思うことも多く、よい前例となっていく。できあがった作品はインターネットで公開するだけではなく、教育現場や多文化イベントで上映されている。日系ブラジル人の中学生の作品は、世界的なビデオコンテストで優秀賞に選ばれた。

このように日本の教育環境が、いじめ、不登校、自殺、犯罪の低年齢化など多くの課題を抱える現在、将来、日本社会を構成していく一員になるであろう多様な文化背景を持つ子どもたちが自信を持って発信できるような環境を切り拓いていくことが、課題解決の糸口になるのではないだろうか。

三　新しいコミュニティビジネスのあり方

総務省が多文化共生推進プログラムを出したとはいえ、このような活動を安定的に支えるようなしくみは、残念ながらまだ確立されていない。さまざまな市民活動を継続する中で、コミュニティビジネスとして地域に根付かせようと考え出された多文化・多言語の事業がいくつかある。

1　多言語翻訳・通訳事業

「特活」多言語センターFACIL」（以下、FACIL）は、二八言語による翻訳・翻訳事業を展開する団体で、翻訳・通訳者として登録しているのは、震災時にその技能を生かしてボランティア活動を続けてきた人たちである。一九九九年に設立し、現在までコミュニティビジネスを展開している。設立目的を、（1）これまで運用があいまいであった分野における翻訳・通訳業務に適正基準をつけ、地域ニーズへの安定的基盤をつくる、（2）在日外国人コミュニティの自助活動に寄与する、（3）多言語・多文化環境政策に提言を行う、とし、住民である外国人が必要とする情報の多言語翻訳、生活現場で必要な通訳者の派遣などを適正価格で行い、地域ニーズへの安定的基盤をつくり、地域の多言語環境を促進し、外国人住民や行政機関、医療機関、地域企業、地域住民などからの依頼をスムーズにするためのコーディネートを行ってきた。その結果、専門分野でありながらボランティアの領域であった活動をコミュニティビジネスという分野で展開させることができた。社会貢献事業としての医療通訳システム構築のためのモデル事業なども含め、多言語・多文化をキーワードにしたネットワークを地域社会の活力として生かすために、多岐にわたる事業を行ってきた。依頼者は、情報を伝えたい地方自治体、観光関連団体などの公共機関ばかりではなく、日本語の理解が不十分な住民や、企業などである。

これらの翻訳や通訳は、商業分野でも文学分野でもなく、それぞれの生活習慣、常識、社会のしくみなどが異なる国と国との背景を考えた上で、言語によっては表現を変えるなどの工夫が必要な場合もあり、単なる言葉の置き換えではなくその言語で情報を伝えるという目的がある。FACILでは、翻訳者が、その情報の受け手でもある当事者であることをメリットと考え、翻訳者の意見を依頼元に伝えるなど、対等な関係をコーディネートすることで、より適切な情報提供をしている。

さらに、業務内容は翻訳・通訳だけにとどまらず、グループ団体との連携で、デザイン／レイアウトなどをしてホームページ作成、印刷物、ネイティブのアナウンサーによる音声ツールの作成までの注文を受けるなど、ここでも多くのマイノリティの能力が活かされている。

FACILが今後めざすのは、まず、社会的に弱い立場のマイノリティとして地域に暮らす外国出身住民の能力を活かす雇用の創出である。それにより、在日外国人コミュニティの自立の一助を担い、地域における発言力や影響力を強化するという段階を経て、その外国出身住民一人ひとりが地域に隣人として暮らしていることが見え始めるようにする。その先には、一人ひとりが対等な立場でまちづくりに参画できる環境をめざす。同時に、外国人コミュニティの活動を地域や自治体にしっかりとアピールして、住民の活動への参加や自治体施策の改善を促す。それは地域住民が違う価値観に触れ、今まで常識だと信じてきたことを考え直すきっかけとなり、多様なことがいかに楽しく自分自身を豊かにしてくれるのかに気づく。それが自分たちのための、より住みやすい多文化共生のまちづくりへ積極的に関わることにつながる。

そのためには長い時間をかけて、柔軟にアメーバのように増殖する小さな活動の積み重ねと、なによりもＦＡＣＩＬの、社会で通用する専門性としての業務内容そのものへの信頼性を得るための実績を積んでいくことが不可欠である。情報は多言語に翻訳、あるいは通訳をすることが目的ではなく、その情報を適切に伝えて問題を解決することにある。ＦＡＣＩＬは事業自体が社会的な運動性を持ちながら、さらにその成果物を使って社会を変えていくという意味での専門性を磨かなければならない。

2　二〇カ国の食のサービス事業

同じくＦＡＣＩＬが行う事業に「世界の食卓とおもてなしの出前サービス」がある。国際交流フェアなどもかなり地域に浸透し、多文化な食がイベントでは楽しめるようになったものの、レストランを持たなければ、まだそれだけで生活ができるような基盤は築かれていない。これは料理の得意なマイノリティのシェフが登録をし、会員制で注文を受け、家庭や小グループの集まりにも出かけていって料理をするというプログラムである。オプションとして料理教室や自国の紹介トーク、民族音楽など多彩なメニューを用意している。これまでに、市民団体の役員交流会、親戚の法事、小グループの同窓会、大学のゼミの勉強会などの場で依頼を受けてきた。外国や料金の高いレストランに出かけていかなくても、本場の料理が楽しめることに加え、オプションによっては一人ひとりの顔の見える相互の交流が進むという新しい試みは好評である。

3　多文化イベントのプロデュース事業

「ＦＭわぃわぃ」は、番組に関わる多様なマイノリティたちが、さまざまな形で活かされる多言語を扱い、多文化な食と音楽などをラジオやＩＴも道具として取り入れながら発信するイベントについて、総合的なプロデュース事業を展開している。地域のラジオ局として、住民が集うという場でわかりやすく積極的なアプローチとなっている。「ＦＭわぃわぃ」が、ＴＣＣの中で、他のネットワーク団体とともに積み重ねてきた経験を最大限に生かし、外国出身住民と日常的に関わっていることで見えてくる地域社会への発信のしかたを考え、運営上起こりうる文化背景の違いによる誤解を回避し、イベントの企画から関係者のコーディネート、当日の運営までをこなしている。一人でも多くの住民が多文化を実感することで、公正な社会をめざす運動とそれを支えるビジネスが成り立つしくみをつくるための大きな柱としての事業である。

おわりに

阪神・淡路大震災という困難な状況を体験することにより、住民がみんな「被災者」という同じ立場になったことで、さまざまな地域社会の抱える問題が露呈した。課題を目の当たりにして多くの人が気づかされたのは、住民自治の意識ではなかったかと思う。日常的な隣人との関係が生死を分けた。そして、その隣人を見ると、実に多様になっている地域社会であることにも気づいた。その体験により相互理解が進み、国籍や民族や言葉の違いが阻んでいた個人の顔が見えて、共感を得ることもできた。そこから不具合だと思うことを改善するという実行が生まれ、新しいルールができていく。新しいルールができてみると、それは住民すべてにとってもより良いルールであることもあった。このようにマイノリティの視点で地域社会を見たとき、鈍感になっているマジョリティは多くの不具合に気づかされ、地域全体にとっての社会改善が進むことになった。

私たちの活動拠点のある地域でも、震災前はゴミと騒音のことでベトナム人と日本人がもめていたが、避難所でのルールづくりを通して個人のつきあいが始まると、ゴミの出し方もベトナム語できちんと説明することをしなかったことを反省し、ルールの多言語看板が設置された。今では神戸市全体でゴミのルールは七言語に翻訳されたものが配布されている。この地域の夏祭りには多国籍屋台が自然に軒を連ね、お年寄りもベトナム春巻きを楽しみにするようになった。昔の夏祭りにはなかった風景である。

多様なこと、異質なことは混乱や反発も確かに引き起こすが、豊かさや楽しさも同時に地域にもたらすのではないだろうか。そのために、マイノリティが発信できるコミュニケーション力をつけてもらうことが必要である。個別の理由で自分の生まれた国から日本に移住してきた人たちは、すべての人が日本語習得という準備をしてきているわけではなく、不自由なく使えるまでの情報を得る手段としての多言語、自分を表現する手段としての母語が必要である。

地域社会のコミュニケーションのあり方を考えたとき、同じ地域社会で暮らす人として当然守られるべき権利があるはずだ。それは、住んでいる地域で使われている、生活する上で重要な日本語という言語を習得してその社会に参加するという権利と、自分の母語によって情報を得て理解し表現する権利である。日本社会にマイノリティとして暮らす外国出身者について、その道筋をさぐることは、これからの日本社会の大きな課題である。

その環境づくりで活躍するのは、日本人で外国語を習得した人たちよりも、むしろ日本語を十分理解し外国語が母語である住民たちである。前述したように、翻訳・通訳という能力を活かして社会に貢献しながら、それが収入にもつながり、ラジオを使って自分の母語で情報提供するだけではなく、自分たちの文化や習慣、考え方などを地域の日本人にも発信することで交流も生まれるなど、自分も地域住民の一人として地域に関わりを持って活かされているという自信は交流の次のステップにつながる。また、多言語で情報提供、発信することで、同時に地域に多様な文化が存在することを地域住民が実感することになる。お互いに知らなかったことがわかり合えると、知らずにマイナスと捉えていたことも、プラスに考えられるようになってきた。これはその双方向の長い時間をかけたしかけづくりから生まれた効果である。

一方で、無知と無理解による偏見はいまだに就職差別や入居差別などを起こしていることも事実である。だからこそ日本ではまだ差別や不公平をなくすための積極的優遇制度（アファマティブアクション）が必要な状況がある。しかし犯罪比率は変わっていないにもかかわらず「外国人が増えると治安が悪くなる」とか、努力をして就職をしても「日本人でも職がないときに、外国人が高い給料をもらうとはけしからん」などという声が一部で聞こえてくるように、制度の改善だけでよいわけではない。

私は昨年、移民政策の進んだフランスやドイツの事例を直接聞くことができる機会を得た。先駆的な制度に感心するとともに、それにもかかわらず昨今の移民二世、三世の暴動などの事件も知った。これは、制度ができても住民の意識が変わらないからではないだろうか。制度が進み、将来みんなが同じスタートラインに立てる公正な社会が実現したとき、今度はこの制度によって能力を発揮して認められ、もともとの住民よりもよい境遇になるかもしれない。現在展開されている活動が、かわいそうだと思って「支援」をしていたつもりであったら、立場が逆転したときに今度は排除が再び始まる。移民政策の遅れている日本だからこそ、それらの事例に学べることは、制度のみならず、文化的なことも含めた人々の意識との両輪のバランスを考えながら社会を変えていくことが大切だということである。

どんな住民にとっても暮らしやすい社会とは、その先に起こるだろう競争の中でも、反発や排除が再び生じることなく住民の意識がぶれずに地に足をつけて、それぞれが頑張れる社会のことではないだろうか。社会を変えるためには、運動と日常的なしかけづくりの二本柱が必要なのである。近い将来、地域が本当の意味で活力を得ることを信じ、自分の住む地域と自分たちの子どもの将来のために、たとえ時間や労力をかけてでも小さなしかけづくりに日々関わっていきたい。

第4章　「生きがい仕事」の創出とCS神戸の役割
――「自立と共生」の市民社会の構築に向けて

坂本　登

はじめに

阪神淡路大震災発生の翌年一九九六年一〇月、神戸市東灘区に誕生したボランティア団体「コミュニティ・サポートセンター神戸」（以後、CS神戸と記す）の目的は、「自立と共生」を理念とする「生きがいしごと」の創出とその支援にあった。以降、一九九九年四月には特定非営利活動促進法に基づく兵庫県第一号の法人格を取得していわゆるNPO法人として再出発し、NPO的「生きがいしごと」を自立と継続を目的に採算性を考慮したコミュニティビジネス（CB）として位置づけ、その創出とモデル事業の実践を行う一方、中間支援団体として、広い分野にわたる他団体への支援を行ってきている。これは市民社会の構築に向けて欠くことのできないCS神戸の役割と認識し、以来、二〇〇七年四月の今日までCS神戸は自ら一一二の事業を立ち上げ、他の一〇〇団体に物心両面（資金、拠点、相談など）にわたるサポート（支援事業）を行ってきた。

一　地域の課題（ニーズ）の把握に向けて

この報告は、地域におけるさまざまな課題がどうして「生きがいしごと」につながるニーズとして把握され、どういう仕組みを通じて目的達成に向けて努力され、どう結実したかを実践例でもって示そうとするものであるが、その過程で浮かび上がった課題も併せて報告したい。

図１は地域にある資源をどう捉えるか、ＣＳ神戸の理念をあらわしたものである。地域に存在している人的、物的、文化的、環境的資源を考察し、そこから未開発のニーズを探り出し、それを相互に連関させて（くるくると回す）「生きがいしごと」として定着させようとするものである。

この図から掘り起こされる地域に内在する課題は福祉の向上、環境保護、教育の充実等と多くの分野に分かれるがいずれも「まちづくり」というＣＳ神戸の活動分野から切り離せないもので、そこから見えてきた課題（ニーズ）は以下のようなものであった。

1　各種の課題

①　阪神・淡路大震災の痛手が癒えないＣＳ神戸誕生初期においては、

◎高齢者の通院介護、◎高齢者や福祉施設への食事の出前、◎高齢者の閉じこもりを防ぐ目的のパソコン伝授、◎障害者支援の衣服の供給、◎自転車のパンク修理や簡単な屋内の手伝いなど差し

図1　CS神戸の理念と活動

迫った日常生活復旧へ向けての要請であった。CS神戸はこれらの課題解決を自らのスタッフが直接、またはそれを行う他団体への支援を行うことで解決してきた。

震災の痛手がやや落ち着いてくるに従い、課題（ニーズ）は次のように変化した。

②　行政や他の公益団体との協働による解決が迫られる課題

◎失業した震災被災者の就労事業、◎障害者が作った物品の販売、◎NPOの理解を深めようという団体の研修、◎公立施設の効率的運営に関するNPOの関与、◎NPO分野での就労者の拡大に関する施策の支援等

③　企業との協働により解決が迫られる課題

◎環境の改善に寄与する実験（太陽光発電所の建設）

④　地域からの要望や他のＮＰＯ団体との協働に関する課題

◎介護保険枠外対象者の救済、◎交通難所の解消、◎近隣の助け合い、◎住民主体のまちおこし支援等

⑤　個人からの要請による課題

◎ＮＰＯについて研修、◎団体へのボランティア参加、等々である。

ＣＳ神戸は次々に起こるこれらの課題に、コミュニティビジネス（ＣＢ）創出の観点から取り組み解決してきた。つまり(a)その活動を継続的に運営できる財政的裏づけをできるだけ確保すること、(b)その活動は非営利で地域の福祉向上に貢献するものであること、(c)そして「くるくる図」にあるように地域の資源を有効に活用するものであることである。ここではこのうち上記③にある介護保険の枠外になる人々への救済事業としての「介護保険枠外のミニデイサービスの実施」を一つのコミュニティビジネスの観点からのモデル事業の具体例として報告したい。

二　他団体との協働による課題解決に向けての具体例
――地域の課題を掘り起こし事業化するCS神戸の役割

1 「オアシスプラン」の発足

一九九九年、翌年に施行される介護保険制度を目前にして、CS神戸は、介護保険制度の枠内からしめだされ、今まで介護を受けていた人々がサービスを受けられなくなることを危惧して研究を始めた。介護保険の対象にならない人でも地域の中で見守りが必要であったり、移動サービスや給食が必要な人がいる。そのような人を市民同士で助け合うことはできないか、そのために他の福祉系のボランティア団体と組んでネットワークし、高齢者向けのミニデイサービス事業を各地域で実施できないかと考えた。

この呼びかけに応じて神戸市内四箇所から四団体が自主的に応じ、高齢者の自立を目的にして集いや、給食、移動送迎、などを始めた。この活動を捉えてCS神戸はこうした活動を財政的にもサポートするため神戸市の施策に取り込むよう市と交渉を開始した。神戸市は前年の一九九八年に「生きがい対応型デイサービス事業」を社会福祉協議会に委託して市内五箇所で実施していた。CS神戸は自主的に四箇所で実施している実績を踏まえ、この市の事業をNPO団体にも委託するよう申し込んだ。

その結果、CS神戸は、①六五歳以上の一人暮らしの高齢者を対象として、②閉じこもり防止の観点からデイサービスが必要で自力または家族により通所が可能な方、③おおむね一日五時間以上、日常の動作訓練や給食、趣味活動を一箇所に集まってする、④利用者負担は基本負担三〇〇円と食費四五〇円程度（後に一、〇〇〇円程度と変更）、⑤市はこの事業者に対して委託金として一人二、七〇〇円（週一回を上限）を支払うという契約を結んだ。法人格をもつＣＳ神戸はこの契約の窓口となり、参加団体から委託金の一五パーセントを受け取り、それを事務経費として定期的な研修会の開催経費や連絡費や報告書の作成費やニュースレターの作成費などにあてる一方、活動増進のための全員の温泉招待や食事の共通経費にあてた。

こうした努力で参加団体が飛躍的に増え、二〇〇〇年度九団体、延べ利用者一、六四三人、二〇〇一年度一五団体、延べ利用者八、五一一人、二〇〇二年末には三〇団体、延べ利用者一万人超を数えるまでになった。他方、ＣＳ神戸はこの過程で法人格を取った参加団体はＣＳ神戸を通さず直接市と契約を結ぶように働きかけた。その結果、二〇〇二年には九団体、翌年には六団体と独立し、二〇〇四年度までに全ての団体が独立した。また、ＣＳ神戸は独立の困難な団体には、ＣＳ神戸の独自の支援策である助成金制度から一年最高五〇万円、二年までを限度とする助成金を出してこれを支援、一二団体がこれを受け独立した。

続いて、この活動を地区ごとから地区全体を包括する面への展開が課題となって浮上した。このため起業されたのが、二〇〇六年四月ＣＳ神戸単独の直轄事業としての「ＮＰＯサービスセンター」の発足である。

2　点から面へ――「NPOサービスセンター」の創立

「オアシスプラン」が各地域での定点活動であったことからこれらの活動内容を地域全般を覆う面で

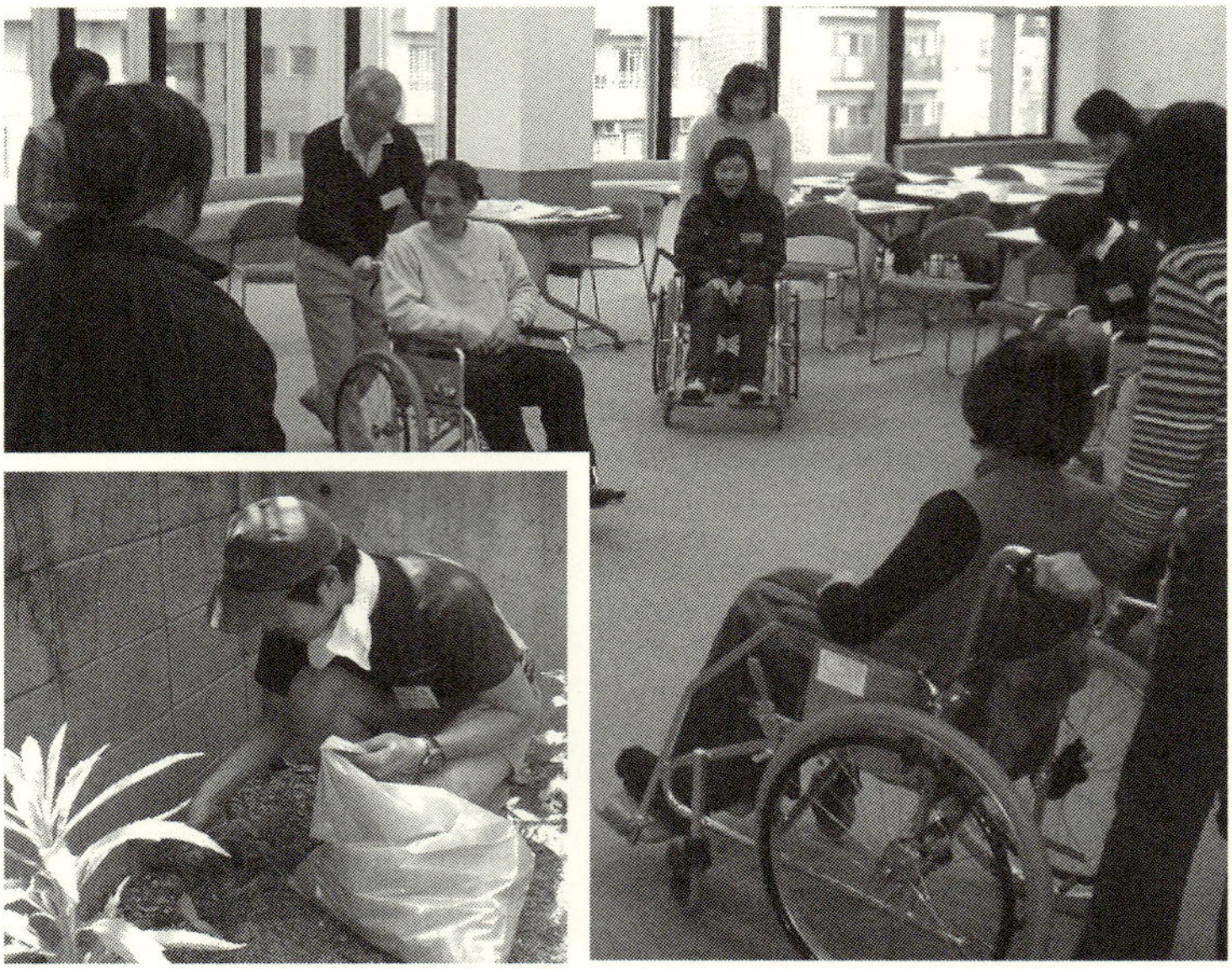

写真1　ユニメイト人材育成講習と活動現場

の活動に広げられないかと始めたのがこのセンターの設置である。

その目的は「オアシスプラン」と同じく、高齢者や障害者、単身者や母子家庭などの「介護保険の枠外」での日常生活上の不便を解消しようとするもので、運営にあたってCS神戸は東灘区と灘区を対象エリアとして限定してその内の介護保険事業所や社会福祉法人、医療法人、福祉系のNPO団体など二五団体を会員（直接サービス提供者）として組織し、事務所をCS神戸内に置き、専従者を雇用した。サービスの内容は買い物、調理、掃除、洗濯、付き添い、見守りなどをはじめ給配食、移送、レクリエーション、ミニデイなど各種の多くの分野にわたっており、市民から要望を受けたセンターは会員団体に連絡し、その要望に応じた会員団体が現場に出向き直接サービスを提供する。他方、サービスを受けるにあたって利用者は、一時間あたり内容に応じて八〇〇円から一、八〇〇円と、年会費を支払う、というものである。サービスセンターの運営経費は会員団体からの会費収入と公益的な助成金から成り立っている。

センターに対する問い合わせは一年を経過して八〇〇件をこえ、利用者も四六〇人と増えてきた。このためセンターでは、会員募集や会員団体への各種情報提供などの他、全ＮＰＯ会員に共通するサービス提供者を増やすために、例えば車いすの取り扱い方など高齢者ケアの研修をする「ユニメイト」と名づけた助け合いボランティアの人材育成に乗り出している。

このシステム構築にあたっては全国組織の全労済が当初から参加し、「オアシスプラン」の進行と併行して計画が作られ、二〇〇五年に「わがまちのトータルケアシステム推進協議会」を三二団体が参加して開催、この「ＮＰＯサービスセンター」構想を灘区、東灘区だけではなく広い地域にわたって展開しようと計画している。

三　行政との協働による課題解決の具体例——ツールを使っての生きがいしごと創出の役割

一節では、課題の掘り起こし、二節ではネットワークによる解決に向けてのＣＳ神戸の活動と役割を記したが、ここでは行政との協働による起業と雇用創出について、その具体例として「生きがいしごとサポートセンター」の運営と、その働きかけを受けて立ち上がった福祉系ＮＰＯ団体の起業を例にして記す。

1　「生きがいしごと・サポートセンター」の受託

二〇〇〇年一〇月、ＣＳ神戸は兵庫県からＮＰＯで働きたい人と人手を求めるＮＰＯ団体との橋渡しをする働きを求められた。一語で言えばＮＰＯハローワークである。県はこれを有償で公益的なしごとと規定し、ＣＳ神戸はこれをコミュニティビジネス（ＣＢ）実現へのステップと考え、そのための研修、パソコン、印刷機の利用など便宜の提供、情報誌の発行等を運営方針に加味して公募に応じて、受託した。そして五人の専従員を雇用した。スタッフは、求人先を開拓して就職先を斡旋する一方、フォーラムやゼミナールを開き、起業希望者にはＣＢの研修や、地域調査への協力、仲間づくり、物件探し、会計補助と多方面にわたる支援をした。この結果、二〇〇〇年一〇月から一年半の期間内での同センターへの来所者は三千人、ＨＰのアクセス件数は一万二千件、会員登録四七〇人、求人・求職成立二九人、起業した団体九件、そこでの雇用者が七一人という成果を上げた。就職の内容は不登校児童支援スタッフ、ミニディサービス手伝い、日曜大工、事務職員、保育士、在宅電話受付、調査、資料作成など、起業の内訳はミニディサービス、パソコン教室、障害者向けの小規模作業所など多岐にわたっている。

一年間の空白を置いて、再度受託したＣＳ神戸は、第一回目と同じ支援を行い、以降二〇〇七年二月までの二年九カ月の間に、来所者は一万人、相談件数は五千件、起業団体は七〇件、就職者は一七〇人、有償ボランティアは一九〇人に上る実績を残した。これは県の期待を上回るものであった。ＣＳ神戸は、この受託事業を契機にして県に対し、この事業をより広い範囲に拡大して「生きがいしごと」の創出を図るよう働きかけた。その結果、二〇〇〇年一〇月の開始時にはCS神戸だけであったこのセンター構想は二〇〇六年には神戸市東、神戸西、阪神北、阪神南、東播磨、西播磨と県下六箇所、六団体が受託するまでに広がったのである。

ここで、このセンターの支援を受けて起業した一福祉団体の成立プロセスを追ってみる。

2 「薫風」の起業とCS神戸の支援

「薫風」は、二人の若者の思いから出発した。一人は老人対象の福祉施設で介護福祉士や介護支援専門員の資格を生かし八年にわたって働いていたが現場での画一的な運営になじめず退職、その後、アルバイトなどで生活していたところ、一人の仲間を得て起業を考えるようになった。その時にCS神戸のスタッフと出会い、センターの存在を知り相談に来るようになった。ここで彼らは指導を得て、次のプロセスを歩んだ。①CS神戸が運営するNPO大学でのNPOの使命やマネジメントの研修、②マネジメントプロセス表の作成とその実施（地域の課題→志・夢→仲間→企画→活動・行動→組織づくり→事業実施→事業評価）、③SWOT分析シート（S強み、W弱み、O機会、T脅威）の作成などである。これらの具体的な説明を受け、事業計画書を作成して実施するまでに一年半が経過した。この間、他の団体での勉強や支援者の確保、計画書の練り直しなど幾多の問題が解決を待っていた。そのつどCS神戸は支援してきた。二〇〇六年一月にNPO法人格を取り、障害者向けの居宅介護事業を創業した。C

S神戸は「薫風」に対して事務所内に拠点を提供すると共に、CS神戸独自の助成金を出して支援した。二〇〇七年四月現在「薫風」では専従者四人、有償ボランティア七人の雇用を生み出し、定時利用者は四〇人に上っている。利用者の支払う費用は一時間あたり一二〇〇円で、「薫風」が発足して一年間の事業高はおよそ八五〇万円となり順調に伸び続けている。

四　人材の育成を通じての課題解決の具体例

――独自の研修事業にかかるCS神戸の役割

CS神戸はこれまで見てきたように他団体とのネットワークや行政との協働を最大限利用して「生きがいしごと」の創出と課題の解決を図っているが、同時に独自の人材育成事業を起こし、課題解決の担い手の増大を図っている。一九九七年にはいち早く組織的なマネジメント研修コース（NPO大学）を立ち上げた。そこでは他団体の応援を得て、NPO経営も基本は企業経営と同じというCBの見地に立って学識経験者による講座、実地研修を始めた。受講生は一部補助を受けながら受講料を支払うというもので、このスクールは現在まで一一年間続いている。これまでの受講者数は約七〇〇人に上り、自分の活動の再検討や新たな起業に結び付けている。

また、これとは別に二〇〇〇年からは三～六カ月の期間限定でNPO研究員を受け入れ、CS神戸が行う勉強会や内部会議への参加、調査や独自イベントへ協力、人脈の紹介など研究や起業を手伝う組織がある。ここではそれらの事業成果の具体例として「ヒューマンスキル研究所」を紹介する。

1 「ヒューマンスキル研究所」の立ち上げに見るCS神戸の役割――自立の促進とそのスキル

ヒューマンスキル研究所は、行政を早期退職したある幹部職員のCS神戸での起業研修から始まった。当人の初めの印象はこうである。「起業研究員になるとまず事務机と事務用品が与えられ、パソコンや電話、ファックスなどの事務環境が用意される。まるで新入社員の気分にさせられる。私の名前の入った名刺も同時に手渡された。その時の中村理事長のコメントは『ここではじっとしていても何もありません。地域の課題は何かを研究し、あなたは何がしたいのか、何ができるのかを整理した上で、この名刺を使ってどんどんアクションを起こしてください。そのバックアップを私たちは全面的に行います!!』というものであった。一から教えてもらおうと思っていた私の背中を受身から攻めへと強く押された。まさに『自立と共生』を標榜するCS神戸の人材育成が初日から始まったのである」。

こうして研究員は前記の「生きがいしごとサポートセンター」を訪れる相談者の了承を得て陪席し始めた。そして、相談の中身やCS神戸の対応から、NPO活動のミッションの重要性とニーズの確認や活動拠点、仲間の確保や資金と損益分岐点など、マネジメントの重要性を、つまり起業に必要な「ぶれないミッションとマネジメント力」を「陪席」という手段で学習していった。続いて彼は、一年の後、仲間を得て、「ヒューマンスキル研究所」を立ち上げ独立した。そして、二〇〇一年一〇月からCS神戸が行政から受託した「CB研修」をコーディネーターとして実践し始めた。この「CB研修」は一九九六年から震災で仕事をなくした被災者を救済する目的で兵庫県が始めた「被災地しごと開発事業」の一部をCS神戸が受託したものである。五年間にわたって延べ三千人が就労した事業の終了に伴い、この人たちを対象に自らが起業をするように研修を始めたのである。第一次では五〇人が、第二次では一三〇人が受講した。共にNPO、CBについて学びNPO団体へ行って実地研修を受けた。二〇〇三年三月に終了するまで二年半にわたって、日程構成から、実施研修受け入れ先の確保、講師陣の手配、環境や福祉、まちづくり等内容の選定、助成金や補助金の申請の仕方、収支計算書など会計の実務、受講料の支払いまで全てをした。

こうして得た体験を研究所のスタッフは次のように総括した。「CS神戸は、私たちに企画運営の大半を任せ、たえず議論の中心の置いてくれた。この間、思考力や変革への行動力が培われ、何よりも私たち自身が達成感を味わった。事業を通じた社会変革と個々の自己実現、これこそが、CS神戸の研修制度の帰結するところだと思う」。現在、同研究所はCS神戸内に机を置き、各地での講演活動を通じて行政や企業へNPOについての理解を進める活動をしている。

こうしたCS神戸での研究員はこれまで三〇人に上っており、個人的研修以外に行政や企業、公益団体などから派遣される人などさまざまである。

おわりに

ＣＳ神戸は、これまでの具体例で見てきたように、特定の団体から得た資金を元に独自の助成金支援制度を作り、人、物、カネ、情報、場所などをつないで「生きがいしごと」を作り出し、自立を促し、雇用を創出し、課題の解決を図ってきた。

そして、今、指定管理者制度に挑戦して駐輪場や会館（ホール）の管理、運営を受託し、三四人のスタッフと年間一三〇人に上るボランティアを得て、駐輪場でのインフォメーションサービスやホールでのイベントの開催など地域へよりよいサービスの提供という社会実験の試みを始めている。

ＣＳ神戸は、時代の流れに即応して誕生から約五年間を生存に関係する差し迫った課題解決を図ってきた生成期、文化、環境など広い分野でのよりよい福祉の向上を図った次の五年を発展期と位置づけ、一二年を迎えた今を他分野との共生の時期と捉えて、行政との協働をさらに充実させると共に、企業との協働に向かおうとしている。ＣＳ神戸は過去に企業の協力を得て「市民太陽光発電所」を立ち上げた実績があり、その時に得た市民の力を活用し、ＣＳ神戸が企業と市民をつないでいけば、企業との協働は実り多いものがあり、多方面で「くるくるコミュニティ」の実現が可能と考えている。既に、ＣＳ神戸は事業として企業の社会貢献活動とＮＰＯとの連携について調査、研究を始めており、行政、企業、ＮＰＯが一体となって地域の課題解決にあたる「共生の時代」への挑戦を始めている。

第5章　「知の共有」から始まる協働のまちづくり
――「進化する自治体」三鷹市のＤＮＡ

河村　孝
大朝　摂子

はじめに

三鷹市では、一九六〇年代から現在に至るまで、市の総合計画策定への市民参加が継続して行われてきた。その取り組みは、四〇年以上の年月をかけて育まれた三鷹市民と三鷹市との協働の成果であり、三鷹のまちづくりを他に例を見ないユニークなものにしてきた、一つの重要な要素だと言えるだろう。その様々な試みの背景には「まちの中で人々が、どのように知識や情報を共有してきたのか」ということがあると考えられる。本稿では、三鷹市民と三鷹市が実践し続ける「協働のまちづくり」について、三鷹のまちにおける「知の共有」という視点から分析を試みる。

一　市民参加の系譜

三鷹市の行政史の大きな特徴として、行政への市民参加が活発であり続けてきた、ということが挙げられるだろう。特に、市の総合計画策定に関する市民参加方式では歴史的な経過があり、他に例を見ない先駆的な取り組みを展開してきた。一九六〇年代から計画による市政運営に取り組み、計画案を市民会議に示して意見を集約する、という「市民会議」形式の参加手法をいち早く取り入れた三鷹市にとっては、「計画的に市政を運営する」ということと「市民参加で市政を運営する」ということは、ほぼ同時に発生したできごとだったのである。

また一九七〇年代初頭には全国に先駆けて、市民主体の「コミュニティづくり」を進めるため、市内を「コミュニティ住区」という七つの地域に分け、各住区に市民の活動拠点となるコミュニティ・センターが建設された。このコミュニティ・センターは市民要望を反映した施設内容で建設され、住民の自主組織である「住民協議会」に管理運営が委ねられてきた。この手法は三鷹方式の「コミュニティ行政」と呼ばれてきたが、そもそもの目的は、一九六〇〜七〇年代の爆発的な人口増によって生じた新旧住民のギャップを埋め、共有できるルールを持ちにくくなった地域社会の再構築をめざしたものであった。

「住民協議会」と「コミュニティ住区」を基盤にした市政運営は、本来の目的であるコミュニティの醸成を追い求め続けた結果、新たな市民参加手法を生み出すことに繋がってゆく。一九八〇年代には、コミュニティ住区ごとに住民自らがまちを点検し、問題点を明らかにすることを目的とした「コミュニティ

「カルテ」作成の取り組みが、コミュニティ住区を主体にして行われた。この「コミュニティカルテ」は七つの住区で、市の実施計画の策定とリンクさせて二度実施され、市民からの改善提案を次年度予算や実施計画案（財政的な裏づけを伴う三年程度の計画）に反映するなど、具体的な活動として成果を挙げた。

一方で、この「コミュニティカルテ」方式には限界もあった。まちの改善提案を提出する際の作業は、まちの中の問題点を抽出することに繋がり、短期的な要望をあぶりだすことにはなったが、中・長期的な「まちの理想像」という意味での「まちづくり」に繋がる視点は出にくいということが、二度の「コミュニティカルテ」づくりで明確になってきた。そのため、一九八〇年代後半には、「コミュニティカルテ」をさらに発展させて、各住区の将来イメージをまとめた「まちづくりプラン」が、住民協議会と市職員の協働作業によって作成された。各住区単位ではあるが、「自分たちのまちがこんな風になったらいいと思う」という夢を、市民が議論し合い、一つの形にまとめたという意味で、「まちづくりプラン」は画期的な冊子となった。市民の「夢」の結晶である「まちづくりプラン」の内容を市民が自分たちの力でまとめたという事実は基礎自治体の中で大きな意味を持ち、その後の三鷹市のまちづくりの基礎となった「緑と水の回遊ルート整備計画」や第二次基本計画に事実上、大きな影響を与えた。

三鷹市の基本計画の構成では今でも、総論部分に各住区単位でのまちづくりに関する計画を示したページが置かれている。このことは第二次基本計画に「まちづくりプラン」が反映されて策定されたからこその構成であり、三鷹のコミュニティ行政が現在に続く市政の取り組みの基礎を形作ってきたことを象徴的に示している。

一九九〇年代にはこの他にも、国際基督教大学やルーテル学院大学などの市内の大学と連携した「まちづくり研究所」での政策課題の研究や、「まちづくり条例」の策定、「まちづくり公社」を中心としたワークショップの展開、「実験参加方式」の実践など、様々な新しい試みが行われた。三鷹市ではこのように、計画策定に関する新たな参加手法を次々と実行に移してきたが、これらの様々な取り組みの成果が結実したのが、一九九九年から二〇〇一年にかけて実施した「三鷹市基本構想」及び「第三次基本計画」策定時の市民参加手法だと言えるだろう。

二　「第三次基本計画」策定時の市民参加

「第三次基本計画」策定時に行われた市民参加手法「みたか市民プラン21会議」（以下、「市民21会議」と略す）は、計画素案策定前の白紙の段階から行う、全員公募による自律的な市民参加組織である。「まちづくり研究所」からの提言を受けて、一九九九年一〇月に発足し、市民のアイディアや提案を集めた提言集「みたか市民プラン21」を翌年一〇月に市長へ提出した。その後、提言をもとに市が作成した計画素案への意見表明を行うなどした後、二〇〇一年一一月に、その役割を終えて解散した。準備段階を含めると二年半に及ぶこの市民参加手法は様々な示唆に富んだ複雑な活動であり、その全てを記すには頁数に余裕がないが、ここでは特にユニークな点について述べる。

「市民21会議」では提言をまとめる議論をスタートさせる前の五月から、公募に応じた五三人の市民による「準備会」を約半年間、開催した。この準備会の重要な役割の一つは、市民が市民をコーディネートするためのルールづくりを市民が自ら行ったことにある。「会則」や「会議のルール」を市民が相談して書き起こし、メンバーの中で共有したことは、後の「市民21会議」での活動を支える力となった。また、同様に「準備会」で議論された「パートナーシップ協定」は、「市民21会議」発足時に初めて締結された、「市民と市が交わす明文化された約束」となった。「パートナーシップ協定」の手法は、その後「まちづくりディスカッション」等でも採用されている。

「市民21会議」のメンバー三七五人は、準備会に集まった市民が「広報み

パートナーシップ協定（概要）

《みたか市民プラン21会議の役割と責務》

①自立的な組織として市民プランを作成する
②市民の意見や要望を幅広く集めて市民プランを作成する
③市民相互の意見調整に努める
④情報を公開する
⑤プライバシーを守る
⑥計画素案への意見表明を積極的に行う
⑦費用の使途を明確にする
⑧二〇〇〇年一〇月末を目標に市民プランを作成し市への提言を行う

《三鷹市の役割と責務》

①市民21会議に対して情報を提供する
②市民21会議と市の各セクションとの間の連絡及び意見調整を行う
③市民21会議の活動に必要な場所を提供する
④専門家の派遣や調査活動などについて支援を行う
⑤市は市民相互の意見調整を行うための支援を行う
⑥市民21会議が作成する市民プランを最大限、計画に反映する
⑦市民21会議に計画素案を提示し意見を求め、内容を調整する
⑧市は運営上必要な経費を予算の範囲内で負担する

たか」で行った「市民から市民への呼びかけ」に応えて手を挙げた、公募の市民で構成されている。この場合の「市民」は「在住・在勤・在学・在活動」とされ、三鷹に住む、勤める、学ぶのほかに、ボランティア等の活動を三鷹市内でしている人にも、参加が認められた。三七五人のメンバーは一〇のテーマに沿った一二の分科会に分かれて議論を行った。代表は複数人の共同代表制をとり、代表や各分科会の座長が集まる「運営委員会」で進行のコーディネートを行いながら、決定は全員が参加する「全体会」で行う、というフラットな組織で運営された。その実務を担う事務局も市民が分担し、メンバーの中から選ばれた事務局長・事務局次長とともに各分科会から事務局担当者が出て活躍した。また、市民が市民をコーディネートすることの重要性も常に意識され、メンバーどうしが知り合うことの大切さや、勉強会などでの知識の共有、段階を踏んだまとめの手法の工夫、議論の途中経過をメンバー以外の市民に公表し批評を受けるなど、様々な努力が重ねられた。

三　第三次基本計画の推進——市民協働センターの発足と自治基本条例

第三次基本計画の策定時に象徴されるように、市民参加の経験を豊富に持つ三鷹では、参加手法は常に進化し続けることが要求されている。特に、社会の変化のスピードが速まっている昨今では、同じ手法を繰り返すのではなく、一つの参加が終了した後にはより良い市民参加を模索する活動が繰り返されてきたとも言えるだろう。

二〇〇二年に基本構想・基本計画の策定作業が終了した後、市民の意見を活かして策定された第三次基本計画の推進の中では、様々な新しい取り組みが芽吹いて行った。前述の「まちづくり研究所」では、市民協働センターの設立や自治基本条例の策定に関する検討がスタートした。この両者は、市民からの提案を活かして第三次基本計画に盛り込まれた施策であり、その具体化のために、研究者と市民、市職員が議論をする場として、「まちづくり研究所」が活用された。二〇〇三年一〇月には市民活動やNPOを支援する場として「三鷹市市民協働センター」がオープンし、その運営は市民活動の代表者と公募市民が集う運営委員会での議論によって進められている。

「自治基本条例」は、二〇〇二年一〇月から「まちづくり研究所」の第二分科会で、学識経験者に加えて公募市民や住民協議会推薦の市民、「市民21会議」で活動した市民等を加えて検討を進め、二〇〇三年一一月、市長に報告書が提出された。なお、この間二〇〇三年四月に市長選があり、先進的な市民参加を進めてきた安田養次郎市長の勇退に伴って、学識市民として「市民21会議」の共同代表の一人でもあった清原慶子氏が「発展的後継」をする形で市長となった。

「自治基本条例」の提言を受け取った清原市長は、「みたかの自治基本条例を考えるフォーラム」の開催や条例要綱案の公表等を経て、二〇〇五年三月に条例検討試案を公表し、二〇〇五年六月には条例案を市議会へ提出した。条例案をまとめるまでのプロセスを重視して、試案の公表やパブリックコメントの実施など、入念な市民参加を行った。自治基本条例はその後、議会の特別委員会で審議され、二〇〇五年九月に議決、二〇〇六年四月から施行されている。

自治基本条例の施行にあわせて三鷹市では、「パブリックコメント手続条例」の施行（二〇〇六年四月）や、職員向けの「協働推進ハンドブック」の発行（二〇〇六年三月）など、「協働のまちづくり」を支え、三鷹市の日々の業務の中で実行して行くための、しくみづくりが行われている。

四　第三次基本計画の改訂と新たな市民参加手法

第三次基本計画は、一〇年間の計画期間の中に二度の改定作業を当初から予定している計画である。これは、社会・経済状況の変化のスピードに対応するためであり、計画に盛り込まれている個々の課題に関する指標、計画期間中のスケジュールや目標値などについて時点修正を行うためになされるものである。第三次基本計画の初回の改定作業は、二〇〇四年二月から始まり、四、五月で「まちづくり連続講座『三鷹を考える論点データ集』学習会」を、また、七月〜九月にかけてテーマ別の「まちづくりシンポジウム」を開催した。また同時期にアンケートによる市民意向調査を実施し、まちづくり連続講座で収集した市民意見とあわせて、基本計画改定の討議資料を作成、広報紙上で公開した。

秋には、市民がまちを実際に歩きながら身近なまちの状況をチェックする「まちあるき」を市の主催で住区ごとに七回、市民団体主催で三回実施した。この「まちあるき」は現代版「コミュニティカルテ」であり、GPS（全地球測位システム）付き携帯電話を活用して、市民がまちを歩きながら発見した地域の魅力や課題について、市民の意見と現場の写真、地図情報を一度に記録できるようにしたものである。

従来は手作業で作成してきた「コミュニティカルテ」をデジタルで手軽に作成できるようになった。そのほか、カルテに記載された情報をホームページで公開し、当日は参加できなかった市民を含めて、情報を広く共有し意見を収集できるようにした。

ＩＣＴ（インフォメーション・コミュニケーション・テクノロジー）を活用した新しい市民参加手法は、この「ｅコミュニティカルテ」の他に、前述のまちづくりシンポジウムの各回の内容を動画と議事録で伝え、ホームページ上で情報共有をしながら議論する「ｅシンポジウム」を実施し、基本計画改定作業における「三鷹市ｅフォーラム」として、時間や場所の制限によって従来は参加しにくかった市民にとっても、参加の機会を提供するための実験的な取り組みを行った。

二〇〇六年からは、新たな市民参加を掘り起こす全く新しい手法による試みも始まった。無作為抽出によって選ばれた市民による「みたかまちづくりディスカッション」は、青年会議所と三鷹市がパートナーシップ協定を締結して企画・実施したもので、この年の八月に初めて開催された。この話し合いの手法は、ドイツの市民参加手法「プラーヌンクスツェレ」（市民討議会）を参考にしたもので、これまで市民参加の機会の少なかった人の意見を収集するために、一八歳以上の市民から無作為抽出で選んだ千人に依頼状を送り、参加を承諾した人の中から抽選で五二人を選んで、二日間にわたって「子どもの安全安心」をテーマに話し合った。当日は、参加者が五人単位のグループになって熱心な検討が行われ、会議の結果と、この手法の効果の検証・評価などをまとめた『みたかまちづくりディスカッション二〇〇六実施報告書』が、三鷹青年会議所と「みたかまちづくりディスカッション二〇〇六実行委員会」

から市長へ提出された。

また、二〇〇七年に行われた第三次基本計画の第二次改定では、「討議資料の確定」「骨格案の確定」「素案の確定」「計画の確定」の四つのステップごとに、市民意向調査の実施や論点データ集の発行と学習会の開催、まちづくり懇談会の開催やパブリックコメントの実施、骨格案の最重点プロジェクト等からテーマを選定したまちづくりディスカッションの開催など、段階を踏んで、市民との協働を積み上げる手法を取って、改定作業を行った。

三鷹市における市民参加と協働の取り組みは、様々な経過を経て今日に至っている。一九六〇年代に計画行政と市民参加とが、相互に関連しながら進められてきたように、歴史的な経過の中で、基本計画の策定・改定作業が三鷹市の市民参加の歴史を作り、新たな参加の手法を産んできたと言えるだろう。ＩＣＴを活用した情報共有や「まちづくりディスカッション」は、従来の手法では参加しにくい市民層や、参加の機会が少なかった人々を視野に入れたアプローチであり、新たな市民参加への挑戦でもある。これらの参加手法の評価はまだ定まらないところではあるが、常に次への手法を求めて進化する三鷹市のＤＮＡが、新しい発想の根本にあることは言うまでもない。

五　「三鷹ネットワーク大学」の発足

様々な市民参加手法を経験してきた三鷹市では、今、「知の共有」による、全く新しい試みが始まっている。それは、少子高齢化が進み高度に都市化された三鷹のまちの新たな挑戦とも言えるだろう。「学び」をきっかけにして、地域社会に関わるための第一歩を踏み出そうとする人々が、学ぶことで得た「知縁」に加えて、具体的な活動場所である「まち」というフィールドをも得て、新しい「地縁」に発展させて行く。そのための恒常的なネットワーク形成の試みであり、まちを「知的創造空間」として捉えることの試みの拠点、様々な主体の「ハブ」となっているのが、二〇〇五年秋にスタートした「三鷹ネットワーク大学」である。

「三鷹ネットワーク大学」が誕生した一つのきっかけは、第三次基本計画策定時に、「市民21会議」からの提案にちりばめられていた、恒常的で高度な学びの場への市民のニーズの高さにある。教育や生涯学習に関する分科会からの提言はもちろんのこと、まちづくり、環境問題、商業・工業・農業などの産業政策、福祉に関する分科会等の提言にも、「市民総合大学」などのキーワードで、市民が学んだことを実践に活かせる場や、実践の中で必要な学びを得るための場所、また、地域の活性化のために大学等の研究機関との交流や連携を図れる場の希望など、知的創造の場が地域社会の中に必要であるというアイディアが数多く示されていたのである。

これを受けて、二〇〇五年一〇月に発足したのが「三鷹ネットワーク大学」である。三鷹市民の中にまちづくりへの参加経験が蓄積され、新たな活動を行うための学びのニーズを高めてきたことが、「三鷹ネットワーク大学」誕生の一つの要因であったと言えるだろう。

大学人であった清原市長は、大学や研究機関が地域に開かれた取り組みを強めていることをよく知っていた。市長に就任直後、「三鷹ネットワーク大学」の具体化を図るために、二〇〇三年秋から検討のための会議を発足。開設に向けた協議会開催を経て二〇〇五年三月には、三鷹市と国際基督教大学、ルーテル学院大学、杏林大学、国立天文台、電気通信大学、法政大学などの三鷹市内や周辺地域に立地する一四の教育・研究機関がＮＰＯを設立して運営することなどを盛り込んだ協定を締結した。二〇〇五年五月に三鷹ネットワーク大学推進機構が正式に発足し、同一〇月に三鷹駅前協同ビル内にこのＮＰＯ法人を指定管理者として、「三鷹ネットワーク大学」がオープンした。二〇〇八年一二月現在で、一五の教育・研究機関と三鷹市が正会員としてＮＰＯを構成するほか、企業やＮＰＯ・大学等七三の団体等が賛助会員として三鷹ネットワーク大学に参加し、活動を支援している（正会員は上記の通り）。

> 三鷹ネットワーク大学正会員一覧
> アジア・アフリカ文化財団　亜細亜大学　杏林大学　国際基督教大学　国立天文台　電気通信大学　東京工科大学　東京女子大学　東京農工大学　日商簿記三鷹福祉専門学校　日本女子体育大学　法政大学　明治大学　立教大学　ルーテル学院大学　三鷹市　（二〇〇八年一二月現在）

六　「知の共有」によるまちづくり
――「三鷹ネットワーク大学」がめざすもの

三鷹ネットワーク大学は、学校教育法上の「大学」ではない。また、生涯学習のための施設でも、いわゆる「カルチャーセンター」でもない。知の共有のための「教育・学習機能」、知の活用のための「研究・開発機能」、「知縁」形成を支援し活動へ繋げてゆくための「窓口・ネットワーク機能」の三つの機能を持つことで、「学ぶ」ことを目的とするだけではなく、地域社会での「知の共有」の手段として捉え、活動を始めるためのきっかけと、活動を継続するための手段を提供するためのしくみなのである。

「教育・学習機能」は民学産公の協働により、三鷹ネットワーク大学の正会員・賛助会員である教育・研究機関、企業、NPO等が提案する講座を市民に提供する機能であり、「地域ケア」「協働のまちづくり」「ビジネス」「文化・教養」「特別講座」の五区分で、多数の講座が開催されている。二〇〇七年度の実績では、一年間で八九件四六六コマの講座等を企画・実施し、延べ五千人を超える受講生が参加している。受講者アンケートによれば講座の満足度は平均で八七パーセント。二〇〇八年一二月現在で約二千八百人の登録受講者は、二〇代以下一六パーセント　三〇代一九パーセ

写真1　ネットワーク大学外観

ント　四〇代二〇パーセント　五〇代一七パーセント　六〇代一六パーセント　七〇歳以上九パーセントと、各年齢層にバランスがとれた年齢構成となっており、一般的な生涯学習の参加者と比して三〇代～五〇代が多く登録し、参加していることに特徴がある。

「研究・開発機能」としては、地域における産業の活性化や新事業創出に向けた実証実験、先行的モデル事業の実施など協働の手法で研究・開発への取り組みを支援するとともに、起業支援スペースの貸出や起業家向けセミナーの開催、コミュニティ・ビジネスやＮＰＯ活動等への支援などを行っている。また、「窓口・ネットワーク機能」としては、多様な学び方、働き方を考える企画を通じて、キャリアデザインを支援し、多様な会員や市民の間の新たな出会いやマッチングのための研究会、サロンなどを開催している。また、時間と場所にとらわれずに知を共有する手法のために、ｅラーニングの有効利用についても検討を重ねている。

これらの三つの機能が互いに関連を持ちながら「三鷹ネットワーク大学」の事業は進んでいる。開設からの約三年間で、地域社会での身の丈企業をめざす人を支援する「ＳＯＨＯベンチャーカレッジ」や、「協働のまちづくり」について学ぶ講座、社会的企業家を育成する講座、教職をめざす大学生等を対象にした「教師力養成講座」など、バラエティ豊かな教育・研究機関が連携して提案する新しい学びが創出されつつある。また、「みたか学校支援者養成講座」や「三鷹『通』養成講座」、「星のソムリエみたか・星空案内人養成講座」など、地域の中で活躍し必要とされる人財を生み出すための仕掛けづくりも始まっている。

教育・研究機関の知を地域社会に活かす試みとしては、国立天文台との協働の「星のソムリエみたか・星空案内人養成講座」が典型的な例と言えるだろう。三鷹市には国立天文台の本部が立地しているが、その全面的な協力を受けて実施しているのがこの講座である。星空の魅力を市民や子どもたちに伝えるボランティアを育成し、小・中学校の理科教育現場での活躍や科学文化の醸成による「まちの豊かさ」を創出するための人財を育てるという目的を持っている。三鷹市は二〇〇七年七月から、国立天文台の科学技術振興調整費「宇宙映像利用による科学文化形成ユニット」にあわせて、内閣府から地域再生計画「科学技術・科学文化によるまちづくり・ひとづくりプロジェクト」の認定を受け、事業に取り組んでいるが、「星のソムリエみたか・星空案内人養成講座」などでの人財育成は、この地域再生計画の一環である。二〇〇九年からは三鷹市を中心に科学フェスティバルを開催する計画もあ

写真2　三鷹ネットワーク大学受講風景

り、「科学文化でまちづくり」をめざす三鷹市の、未来に向けた取り組みと言える。三鷹ネットワーク大学に参加する教育・研究機関の一つである国立天文台が、地域での市民人財の育成を支援するだけではなく、地元市と協働して競争的資金を得ることにより、その最先端の研究・観測の成果についても、企業との連携や若手研究者などの起業、コミュニティ・ビジネスでの活性化などをめざしている。三鷹ネットワーク大学が「ハブ」として機能を発揮する、ユニークな試みだと言えるだろう。

おわりに――まちは進化する

このように、「三鷹ネットワーク大学」は、「民学産公の協働」の成果による他に例を見ない「新しい形の地域の大学」をめざしている。大学や大学院などの教育・研究機関や企業、そして市民の中に蓄積されている膨大な知的資源が、地域社会に提供され共有されることは大きな意味とエネルギーを持つのである。

三鷹市における市民参加と協働のまちづくりの歴史は、いかにして市民と知識を共有し、どのようにして議論や意見集約を行うか、という課題に挑戦し続けてきた、長年の成果だと言える。そして、その先には、より多くの人々によって「公」の分野が担われていくしくみをどのように形成するか、という課題がある。

人々が「公」をどのように共有し、活動する力をどのように、どれほど大きく育てられるかが、今後の自治体経営に大きな影響を与えるだろう。このような中で、市民参加の手法は常に新しいものを求められており、日々進化する必要に迫られている。「三鷹ネットワーク大学」はまちの中に「知の共有」の場を作り、まちを「知的創造空間」とすることで、日常的に、楽しみながら、市民がまちづくりについて提案し、参加し、活躍する手法を構築することをめざしている。市民が地域で活躍するための知識や手法の取得を支援することで、地域の人財をさらに生み育て、協働のまちづくりを進める中で、より豊かで安心できる市民生活の実現をめざすものである。

地域社会が恒常的な知的創造の場となる時、まちは新たな価値を持ち始める。人々がまちの中で知識と活動を共有する循環が起こる時、三鷹のまちづくりはさらに進化し続けて行くだろう。

第6章　コミュニティという価値の再創造
――コーポラティブ・ハウスの実践

甲斐　徹郎

はじめに

暮らしの場における「コミュニティ」の位置づけは、時代の流れとともに、大きく変化している。たとえば、伝統的集落における生活環境は、「コミュニティ」が個人個人の生活を支える、重要な役割を果たしてきた。一方、現代では、スイッチひとつで必要な状況を手に入れることができるように、個人の生活が技術の進化によって自己完結し、個と共同体との関係が希薄になっている。

ここでは、こうした「コミュニティ」を必要としない傾向が強くなった現代において、コーポラティブ事業が創造する「コミュニティ価値」の可能性について、二〇〇三年に完成した「欅ハウス」（**写真1**）を題材として考察したいと思う。

一　コミュニティ・ベネフィット

集合住宅を購入するという場合、マンション開発会社が建設し、出来上がった一室を購入して住むというのが一般的であるが、コーポラティブ方式の場合には、入居予定者が集まって建設組合をつくり、その組合が発注主となって設計、施工会社と直接契約を結び、集合住宅を建設するという方法となる。入居者が計画段階から関わって建設事業が行われるため、コンセプトの理解、入居者相互の意思疎通が、入居する前から図られるという特徴がある。一方で、複数の世帯の利害調整、合意形成など、組合運営が必要となるため、コーディネイターという職能が必要となる。ここで紹介する「欅ハウス」は、私が、その事業プロデュースとコーディネイトを行ったものである。

こうしたコーポラティブ事業を企画するとき、「コミュニティ」をその中心的な価値として設定すると、その事

写真1　欅ハウス（撮影：坂口裕康）

業は失敗すると私は考えている。なぜなら、前述のように、現代においては、「コミュニティ」に頼ることなしに生活することができる。

そのため、現代の多くの人たちにとっては、総論としては「コミュニティ」は重要だと思っているが、自分の生活は、他人に左右されず、自由に生活を享受したいというのが現代の多くの人たちにとっての共通した意識となっているからである。

コーポラティブ事業において、私は、「コミュニティ」を追求するのではなく、「コミュニティ・ベネフィット」（**図1**）を追求するべきだと考えている。前者は、コ

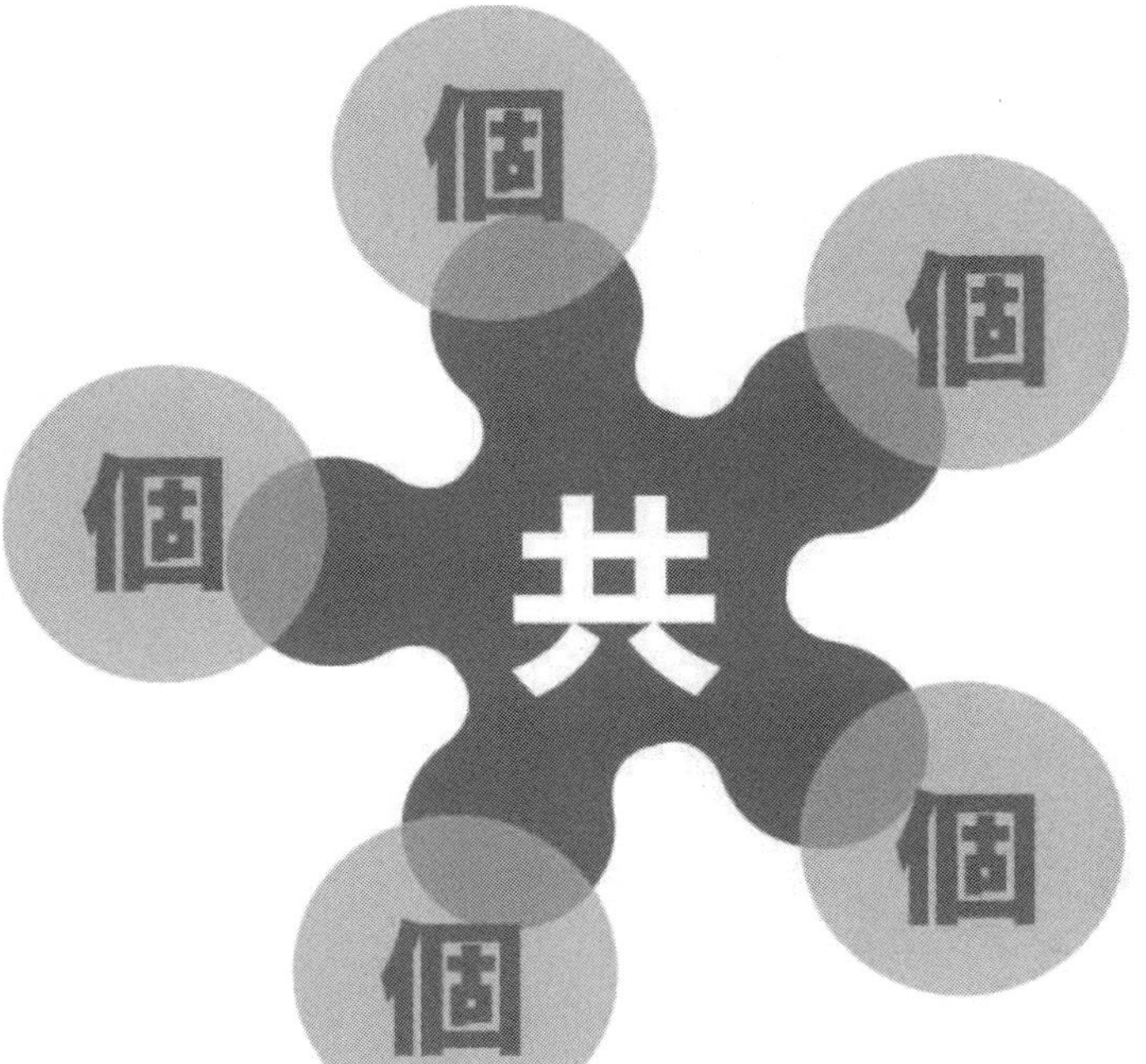

図1 コミュニティ・ベネフィットの概念図

ミュニティの目的化であり、後者はコミュニティの手段化である。「コミュニティ・ベネフィット」とは、私が名づけたコンセプトで、「個人単位では手に入れることのできない大きな価値を、コミュニティを手段とすることでつくりだす」ことを意味している。

コーポラティブ事業において、参加者全員が仲のいい人間関係が形成されるかどうかは、気にしない方がいい。もし、全員が仲よくならないといけないと位置づけると、それが強迫観念となり、そこにこのプロジェクトに参加することの息苦しさが生まれる。

重要なのは、仲がいい悪いにかかわらず、個人単位では実現できない価値を手に入れるために協力し合う、という合理主義的な考えである。

だから、私がコーポラティブ事業をコーディネイトする場合、建設組合活動において「人間関係」をつくり出すことにあえて重きを置かないようにしている。重点を置くべきポイントは、事業の中で、常にその場面でのコミュニティ・ベネフィットは何かを明確にすることである。つまり、個人単位では手に入れることのできない大きな価値とは何かを明確にし、その価値創造のための必然として、協力関係を導き出すことを意図するのである。協力し合うことの目的が明確であれば、参加者の合理的な意思に基づいた合意形成が円滑に進みやすくなる。

二　コミュニティ・ベネフィットを生み出す合意形成のメカニズム

こうしたコミュニティ・ベネフィットを導き出すためには、嗜好を異にする他人同士との合意形成のテクニックが必要になってくる。コミュニティ・ベネフィットをテーマとするとき、次のようなメカニズムに従うと、合意形成をスムーズに進めることができる。

図2の縦軸は、Aの利益を表し、横軸はBの利益を表している。もし、AがBの存在を意識していなければ、Aは図2の左上を選ぼうとし、一方で、BもAの存在を意識していなければ、Bは右下を選ぼうとし、ともに「○×」の状況となる。

この状況では、AとBは不安定な関係となるので調整を図る必要がある。調整方法には、二つの方法がある。AとB両者ともに「××」つまり、左下の方向を選んでお互いに我慢するか、「○○（右上）」の方向を選ぶかである。当然、「××」よりも「○○」の方がAとB両者にとっての利益は大きくなる。こうして、合意形成をするためには、お互いに共通した方向を見つけ出した方が、自分ひとりで利益を追求するよりも、より高いレベルの利益を得ることができるという合理的なインセンティブを導くことが重要となる。AとBが互いの存在を認め合って、相互作用を及ぼす場面をつくれば、AとBは互いに進んで右上の方向を選ぼうとする。こうした、あくまで個人の利益を高めるための手段として、互いの協力関係をつくるという認識が、私の考える合意形成の原理である。

こうしたプロセスを経て、合意形成を円滑にできるようなコミュニティ

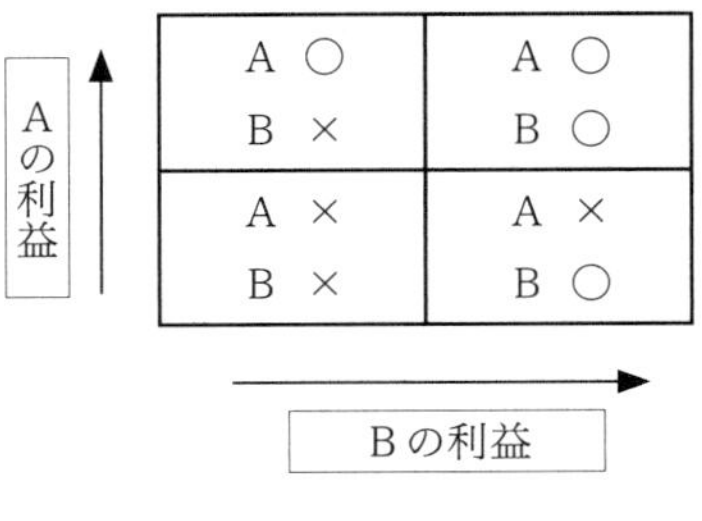

図2　合意形成の方向性

環境をつくり上げていくことで、個人単位を超えた価値、つまり「コミュニティ・ベネフィット」を導き出すことが可能となるのである。

三　「環境価値」と「関係価値」

こうした合意形成の手法をとりながら、これまでに三つのコーポラティブ事業を実現させてきた。それぞれのコミュニティ・ベネフィットを分類すると、「環境価値」と「関係価値」との二つの側面がある。

「環境価値」とは、共用部空間などのハード面の価値で、「関係価値」とは、実際の生活の中で生まれるソフト面の価値である。

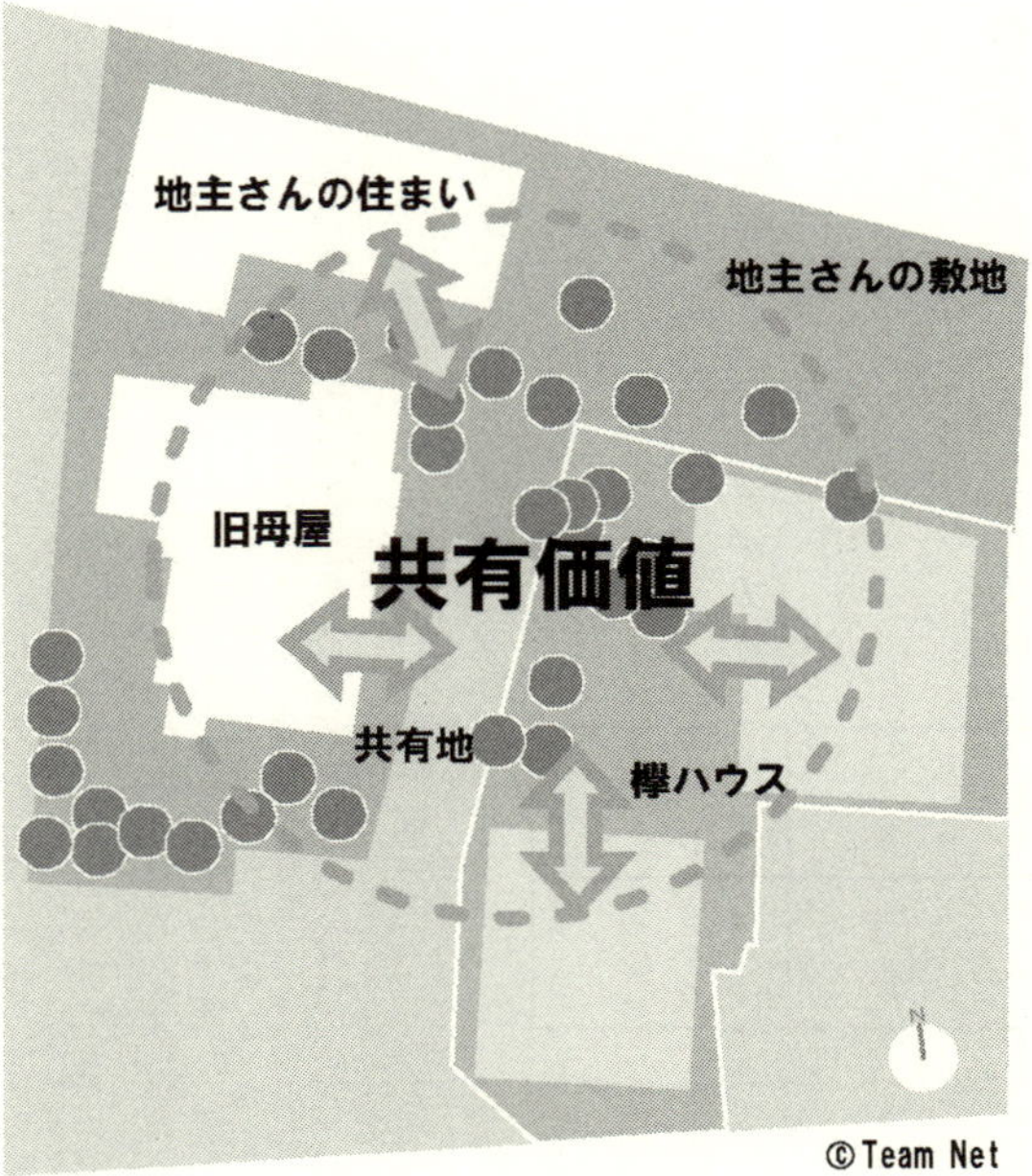

図3　隣地同士のつながりによる共有価値の最大化

「環境価値」は、環境共生をテーマとしている私が企画するコーポラティブ住宅の骨格となっているコミュニティ・ベネフィットで、個人単位で空間活用をすれば豊かな環境など確保することのできない都市部の限られた空間において、複数の参加者が結託し合うことで、個人単位ではありえないほどの贅沢な環境を整備することで生み出す価値である。

「欅ハウス」では、樹齢二五〇年の欅を囲む贅沢な中庭が一五世帯のコミュニティによって整備された。コミュニティ・ベネフィットとして環境価値づくりを追求したことによって、そこに住む個人個人は、到底個人単位では得ることのできない豊かな景観とその環境が創り出す快適な微気候を日常的に味わうことを大きな暮らしの価値としている（図3、図4）。

もうひとつのコミュニティ・ベネフィットとして挙げられるのが、「関係価値」である。

「環境価値」は企画者の意図が反映されるのに対して、「関係価値」は入居後に自然発生的に生まれる価値である。

「欅ハウス」の屋上には、土厚三〇センチの充実した菜園

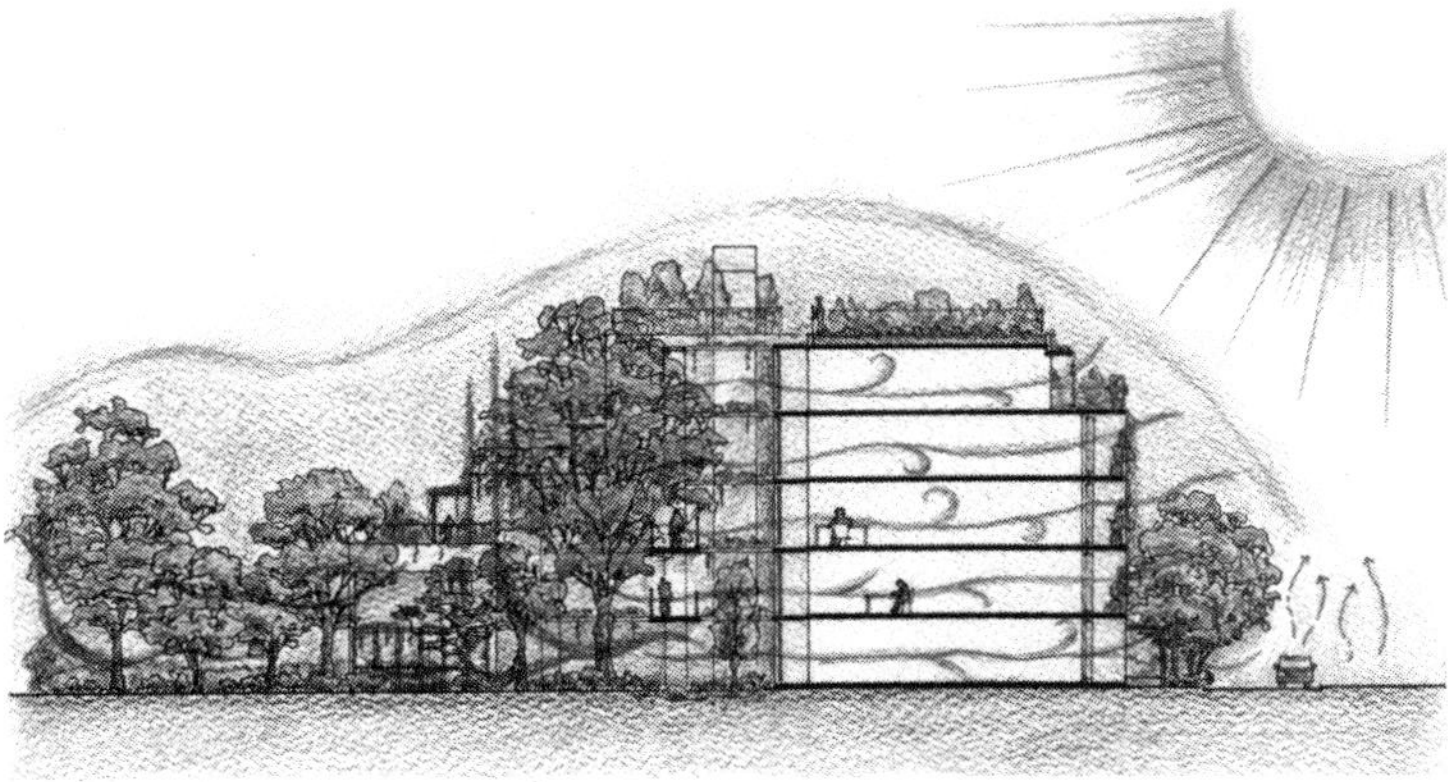

図4　外環境と室内とのつながりの断面図

がある（**写真2**）。この菜園には、個人個人がそれぞれ好きなものを植えている畝と、共同で植えている畝とがあり、共同畝は園芸が好きな有志グループが管理し、ジャガイモや枝豆などを育てている。

屋上に豊かな菜園があることは、まさに個人単位では得ることのできないコミュニティ・ベネフィットとしての環境価値であるが、この環境価値があることで、面白いことが生まれる。それは収穫祭の自然発生である。たとえば共同畝で初めてジャガイモが収穫されたとき、「それじゃあ、ジャガイモを蒸かして、みんなで食べよう」ということになり、ちょっと声を掛け合うと、どこからかビールが運ばれ、別のところからは料理が提供され、一気にお祭りになってしまったのである。その後、この収穫祭が恒例化してしまった。このように、コーポラティ

写真2　欅ハウスの屋上菜園

ブ住宅における「関係価値」は、共有の「環境価値」がベースとなって、自然発生的に生まれることが多い。

また、欅ハウスで生まれている重要な「関係価値」として、子育ての場面がある。

欅ハウスには、小学生以下の子供たちが多く暮らしている。幼稚園のAちゃんと小学生のBちゃんは、ある日それぞれの親元を離れて初めての外泊をした。その外泊先は、同じ欅ハウスに夫婦二人で住むCさんのお宅である。二人の子供にとっては、大冒険である。Cさんご夫妻にとっては、子供たちから元気をもらうような楽しいイベントで、子供たちのそれぞれの親にとっては束の間の子育てからの解放であった。

たとえば、そんなコミュニティ・ベネフィットが欅ハウスでは日常的な暮らしの中の「関係価値」となっている。自分たちの子供を複数の親が面倒を見合っているような状況がここにはあり、親にとっては、複数の目が行き届くことにより安心で安全な環境となっている。昨年の夏、AちゃんとBちゃんたちの大冒険は、屋上での親抜き子供だけのキャンプ生活へとさらに進化を遂げた。

欅ハウスにおける「関係価値」が発生する仕掛けとして、重要な機能を果たしているものに、大きな欅を囲んで湾曲させてデザインされた共用廊下がある（**写真3**）。

ウッドデッキで仕上げられたこの空間は、単なる通路としてではなく、心地のいい共用テラスのような位置づけにあり、各居住者は日常生活をそこにはみ出させてうまく使い合っている。たとえば、季節のいい平日、ある家の奥さんがこの共用廊下にテーブルと椅子を出して、昼食を楽しみ出す。それを家から見ていた別の奥さんがそこに参加し、優雅な昼食会が自然発生的に始まるといった具合である。

コミュニティ・ベネフィット論から見ると、この時の昼食には、二段階の価値変容が認められる。一段階目は、個人単位で完結し、閉じた室内空間ではなく、外に拡張されたコモンスペースで、豊かな環境を満喫しながら、贅沢な昼食を味わうことができたという価値である。この価値が、環境価値としてのコミュニティ・ベネフィットである。そして、その料理を、独りぼっちではなく、顔なじみの仲間と和気藹々と食べることで、その食事の意味はさらに高い価値へと変容している。この価値が、関係価値としてのコミュニティ・ベネフィットというわけである。

このように、共有の「環境価値」を各自が使いこなすうちに、住まい手同士の関係が生まれ、その関係が深まるにつれて「関係価値」は自然発生的に生まれるのである。

写真3　欅ハウスの共用廊下

四 「コミュニティ・ベネフィット」から「コミュニティ・アイデンティティ」へ

他人と関係を持つことの煩わしさから解放され、他人に左右されずに自由気ままな生活が重視されるような、いわば「コミュニティ」を必要としないことが志向される時代において、「コミュニティ」を直接的な目的としてコーポラティブ事業を企画してしまうと、その事業の成立は難しくなってしまう。しかし、「コミュニティ」を手段化することで個人単位では到底実現できないような価値を創り出す企てとしてのコーポラティブ事業には大きな魅力が見出され、その事業は成功する。

そこには、「コミュニティ」を目的化せずに、「すべては自分のため」という個人主義から出発して、「自分のためには協力しよう」という「コミュニティ」を手段化する合理的なプロセスがある。

私は、こうして「コミュニティ」を合理的な手段として位置づけてコーポラティブ事業を企画してきたが、「欅ハウス」の住人と交流するうちに、「コミュニティ」の存在は時間とともに変容していくということに気がついた。

当初手段としての位置づけであった「コミュニティ」がやがてそこに関わっていること自体がかけがいのない価値へと変容し、手段から目的へと変容するのである。それは、具体的に説明することのできない精神的なもので、「同じ価値を共有している他の人々とつながりあっていることがなんともいえず心地がいい」と住人が表現する感覚である。

わたしは、こうして芽生える感覚を「コミュニティ・アイデンティティ」と名づけている。コーポラティブの住人同士が、互いが互いの存在を認め合い、相互のアイデンティティを強め合う、強い絆《きずな》が生まれるのである。

こうした、コミュニティ・アイデンティティは、いかにして生まれるのか？　そのメカニズムは、いたって単純である。

それは、自分と他者との間に「相互承認」という関係が成り立って初めて、コミュニティ・ベネフィットは生まれるという性質があるからである。コミュニティ・ベネフィットの価値を得るためには、自分以外の他者の存在を認め、互いに相互承認するというプロセスが伴う。その相互承認のプロセスが、そのまま、アイデンティティを芽生えさせるメカニズムとなっているのである。

こうしたアイデンティティの確立は、構成員のコミュニティへの関与をより深くし、コミュニティそのものを持続させる原動力となる。

個人単位の価値から、コミュニティ・ベネフィットへ、コミュニティ・ベネフィットからコミュニティ・アイデンティティへと、コミュニティをデザインする場合、こうした時間軸を踏まえた進化プロセスを考慮することが重要である。このプロセスを体系化し、コミュニティのデザイン論として完成させることで、一般の分譲マンションなどに、こうした「コミュニティ価値」を導入させることも可能であると思う。

今後は、住宅市場の中に「コミュニティ価値」を登場させることで、暮らしの場において、価値のパラダイムシフトが始まり、その連鎖が日本の街の構造を変えていくようなシナリオが重要になると思う。

第7章　市民社会のコミュニケーション・インフラを創る営み

――コミュニティ・メディアの展開と課題

松浦さと子

一　市民社会のコミュニケーション・インフラとしての「コミュニティ・メディア」

二〇〇七年五月二七日。「ただいまぁ、たかとりに帰ってきました」、カトリック鷹取教会の神田裕神父がマイクをとったとき、子どもたちから自然に「おかえりー」と声が上がった。阪神淡路大震災以後、教会の敷地に作られた活動拠点「たかとり救援基地」、のちの「たかとりコミュニティセンター」は、教会の再建工事中、少し離れた商店街に二年余り引っ越していたのだが、その完成により戻ってきたのだ。たかとりの仲間たちが帰ってきたことを祝い、八〇〇人を超える近隣の人々が新しい教会の庭を埋め尽くし、初夏の陽射しのなかで、アジア各国の民族音楽と舞踊、料理を振る舞い合った（**写真1**）。

ここで司会進行をつとめたのが、被災直後に立ち上がったコミュニティ放送局「ＦＭわぃわぃ」の編成部長兼パーソナリティの金千秋。人口の一割弱が在日韓国朝鮮人の人々であり、ベトナム難民として来日した住民も復興後に来住した人々もともに暮らす町、長田で、さまざまな活動団体が国籍、言語、民族、文化が異なる人々の生活を支える。金千秋さんはいつも言う。「放送局が番組を作るのではなく、住民と活動団体が放送局を使うのですよ」と。それが要諦となり魅力となって、全国に拡大する「コミュニティ・メディア」活動を担う人々から先進的モデルとして注目されている。

ロバート・D・パットナムはテレビのある町を検討し、「テレビが市民参加を減少させる」という仮説を検討した。その結果、テレビ視聴は、社会的報道番組を通して人々の共通体験を導き、愛他主義など社会的にポジティブな影響をひきおこすが、他方、社会的活動への参加や友人訪問の時間を減らし、人々を受動的な状況にして社会参加を抑制す

写真1　新築された「たかとりコミュニティセンター」にFMわぃわぃが帰ってきたことを祝う人々

る可能性があることを実証した（パットナム二〇〇六：二八五－三〇〇）。

彼の言うように、日本でもこれまで、テレビが多くの場合、市民を視聴者という受け手の役割に専念させてきた。ところが災害時をはじめ、さまざまな地域の課題に取り組むと、人々は、マスメディアとは異なる回路があることに気づき始めた。著名な評論家やキャスターではなく、「あなたはどう思うのか、私はこのように考える」といった隣人たちとの対話こそが、市民社会の構築に貢献することを発見した。人々が、東京から「下げ渡された」情報よりも意義深いコミュニケーションを地域社会に創り出そうと動き始めたのである。メーテルリンクの青い鳥ではないが、すぐ隣にある情報の大切さに気づいた人々の「今、ここでこそ、私にこそ伝えられる」との思いが、メディアを使いこなし対話を創りだすという「コミュニティ・メディア」の営みにつながってゆく。

ビデオカメラやデジタルカメラ、オーディオレコーダーやパソコンといった道具が身近になり、技術の水準にこだわらず、専門のメディア業界にいる人々には思いつかない手法と発想で、「コミュニティ・メディア」は地域社会を豊かで新しいアイデアで捉えかえそうとしている。

二　世界の「コミュニティ・メディア」の最前線

「FMわぃわぃ」は、二〇〇七年初夏、「世界コミュニティラジオ放送連盟（AMARC）」の日本協議会を立ち上げた。海外とくに途上国では、地域社会にラジオを創設する活動はコミュニティの自治・自立のために必要だと認識され、インターネット時代の現在も強い。そして、マスメディアに対してだけはなく、能動的な視聴者（active audience）が放送に参加する権利を認めている国が少なくない。

アメリカでは一九六〇年代、公民権運動の際、黒人差別放送に対する反論要求が放送への市民参加につながった。その後も放送局の責任で市民の番組は流れていたが、さらに地域に進出するケーブルテレビには議会が要請してパブリック・アクセス・チャンネルを確保し、番組を自らの責任で自由に制作放送することが可能になった。

ドイツでは元々、社会運動に発する自由ラジオ活動があるが、一九八四年に始まる商業テレビ放送導入に対抗して市民が自由に番組を制作放送できるオープン・チャンネルが始められ、分権政策に基づき、州ごとの判断で設置されている。スタッフは市民制作番組の内容に一切口を出さない、先着順で誰もが利用でき、検閲をしない、番組の法的責任は制作者が負う、商業活動をしないなどのルールが法に基づいて保障されており、放送費用もかからない。

フランスでは、一九七六年から自由ラジオが非合法ながら、移民、環境、反原発、人権、反戦等、さまざまな社会闘争の表現手段として理解されていた。自由ラジオを容認していたミッテランが大統領選で勝利し、一九八二年には「市民の視聴覚コミュニケーションの自由と権利」が放送法に明記された。テレビも二〇〇〇年からは法改正で、市民団体にも免許が交付されたが、現在デジタル化のなかで市民への分配の議論が進んでいる。

韓国では、軍事政権下の言論統制とその後のマスメディアの商業支配に対し、メディアの労働団体や市民団体によって言論の民主化運動が活発に展開されてきた。軍事政権の終焉とともに、むしろ政府主導で市民参加が進められ、二〇〇〇年の放送法改正によって公共放送では市民制作番組を放送しなければならなくなった。以後、韓国放送公社KBSの市民参加番組「開かれたチャンネル」では、女性、消費者、環境、反戦、人権等の活動団体が、社会問題の指摘や政策提言のためのドキュメンタリーを放送している。

日本でも冒頭に紹介した多言語放送「FMわぃわぃ」は、被災地のなかで在住外国人、とくに少数言語の人々の救援という課題に立ち向かう人々の支え合いのなかから生まれた。その後、震災復興から参加型まちづくりのインフラとして次第に地域社会に根をはり、子どもたちからお年寄りまでがつながりを作る場所となった。

二〇〇五年一一月、FMわぃわぃの開局一〇周年を祝って、神戸に集ったコミュニティ・メディア活動実践者が次々に活動報告を行った。

「FMわぃわぃ」の理念に共感しながらNPOとして初めてコミュニティ放送免許を付与された「京都コミュニティ放送」がある。そこで制作されるユニークな番組の一つ「難民ナウ!」は、インターネット放送や映像制作で市民の発信を支援するOur Planet TV、Re: Cはたかとりの多文化な子どもたちが映像表現で地域社会に問いかけ溶け込む活動だ。反差別国際運動(IMADR)が、グローバリゼーションに対抗する少数者の連携の可能性を気づかせた。

アイヌ語研究者で参議院議員もつとめた萱野茂氏が創設した「(ミニ)FMピパウシ」は、萱野志朗氏が活動報告をし、朗々と流れたアイヌ語の開局挨拶は、北の大自然が生んだ言語の響きに、思わず目を閉じた参加者を遠く北海道二風谷《にぶたに》にいざなった。

三　市民メディア全国交流の意義

二〇〇四年一月、全国の「市民メディア」活動に参加する人々が名古屋に集った。参加申し込みは当初用意した会議室定員を超え大会場に変更せざるを得ず、呼びかけた「市民とメディア研究会・あくせす」の津田正夫や木野秀明を慌てさせた。個人単位の市民記者活動からコミュニティラジオ、映像制作、インターネット放送局まで、多様な市民メディアの全国交流集会は、鳥取県米子市、熊本県球磨郡山江村と続き、二〇〇六年神奈川県横浜市では延べ千名が参加、そして二〇〇七年秋には札幌、二〇〇八年は京都に集結した（**写真2**）。

なぜこのような対面のふれあいが望まれるの

写真２　2008年9月の京都メディフェス（市民メディア全国集会）ではG8市民メディアネットワークの活動報告もなされた

だろう。それは、メディアを使いこなすアイデア、ノウハウ、技術が市民にまだ十分に共有されていないからだと言える。また、市民メディアの各グループが自らの存在意義を確認し合いたいという強い要求もある。社会的困難に遭遇した「当事者が語る」ことの重み、「住民がまなざしを向け合う」ことの大切さ、さらに行政に対するチェック機能を備えた「地域社会に市民ジャーナリズム」を築くことの必要性などの認識が深められた。

資金や基盤も乏しく、支援整備も進まないなかで、市民メディア活動はこれをどう乗り越えているのか。二〇〇六年までにＮＰＯとして創設されたコミュニティ放送各社に筆者が質問紙調査を行った結果から次のようなことがわかる。

立ち上げの動機は、「商業的な営業よりも地域に密着できると思うから」（二戸、京都、鯖江、鹿屋）、ＮＰＯの放送局だからこそできると思われたことは、「会員・役員など『市民』の幅広い協力体制の構築」（京都コミュニティ放送）、「市民の協力、聴取率の低い番組の放送、ボランティア団体の活動の支援」（長崎市民エフエム）、「市民本位の放送局、大学とのコラボ番組、ボランティア・応援団の支援を受けた放送、利害・立場を超えた放送」（たんなん夢レディオ）、「放送が公共性の高い事業であること、またその運営を非営利で行うということで地域住民の賛同や地元自治体の支援を得やすかった」（「おおすみ半島コミュニティＦＭネットワーク」）など、地域社会が非営利運営に対して何らかの協力を予定し、また放送局側も住民参加を受け入れたいとしていることは、注目できる。

また、持続可能な資金運営の構築は、それぞれ異なる政治的・経済的・文化的背景、独特の地域構造やそこに呼び込める資源に依拠する。だからこそ、互いの手法の学び合いで相互の成長の手がかりを得るために、コミュニティ・メディアは盛んに交流会や相互訪問を行っているのだ。また、番組や作品の交換、学生インターンの受け入れ、番組制作研修も進められているが、限られた体力で疲労の声も聞こえる。

四　商業放送における非営利「コミュニティ・メディア」

商業放送であるケーブル放送局も、コミュニティ・メディアへの協力を惜しまない。米子の中海テレビ放送では、早くから「パブリック・アクセス番組」の放送枠を設けてきた。ここは第二回コミュニティ・メディア全国交流集会の幹事局でもある。

市民の映像制作を育むため、スタッフが在京局の職員の三倍は働いているように見える。報道制作課の上田和泉記者は、午前中、見学の小学生たちを放送局内とスタジオに案内、番組制作のアドバイスをする。午後は記者としての取材で町にでかけインタビューとニュース撮影を済ませ、帰社後、編集、そしてキャスターとしてニュースを伝えて、明日の取材のアポイントをとる。来客にパブリック・アクセスを解説するのも彼女の仕事である。

彼女の一日を通して見る限り、中海テレビの地域貢献部門としての「ＰＡＣ」は会社または彼女の持ち出しであり、採算部門とは言えないだろう。高橋孝之常務は、商業局であっても市民参加の営みは決して利益追求の観点からはなされていないのだ、と説明する。ボランティアの参加も求め、支えあう運営体制づくりにつとめているが、持続可能な体制のために、どのように人材を育み、確保するかは大きな課題と言える。当然、新しいコミュニティ・メディアの支援制度の検討時に、対象とされるべきであろう。

上越ケーブルビジョン放送企画部の荒川毅も厳しい労働時間を超えて市民制作番組「くびきのみんなのテレビ局」の世話役をつとめる。市民ディレクターが街中から釣りあげる（番組）ネタのイキの良さや大物ぶりを誇り、映像でコミュニケーションを創るおもしろさを知れば、金銭的に報われることがなくても、「メディアでまちおこし」の魅力が伝わってゆくのだろうと見る。

マスメディア各社は今後、団塊の世代の退職に伴い技術的にも水準の高い円熟した人材が毎年社会に輩出される。彼らは、これまで会社人間として地域や家庭を振り返る余裕がなかったとすれば、退職後には地域社会に貢献しようという思いをもって「コミュニティ・メディア」に参入することが期待される。

コミュニティ・メディアの多層的な展開のなかで、神戸の「FMわぃわぃ」では、放送番組の公共性の内容・基準を、地域コミュニティ、一般社会との相互関係のなかで検討してきた。詳しくは、吉富報告（第3章）にゆだねるが、「FMわぃわぃ」は、阪神・淡路大震災の被災時に民間の力で多言語放送を立ち上げたという設立の経緯から、「いのち」を重んじるという明確なミッションを持っている。そのことを「公共性」の基軸に位置づけ、それを軽視するようであれば商業的に有利であろうとも放送の優先順位を低位に位置づけるのである。このような独自基準を示す放送局は少ない。ちなみにＮＨＫでさえ、「NHK新放送ガイドライン」を二〇〇六年春にようやく公開したところである。

五　「コミュニティ・メディア」の財源や制度の構築に向けて

「公共性」「公益性」についての議論が成熟し、地域社会がコミュニティ放送の公共性を明確に認知するようになれば、NHKの受信料の一部や他の財団、社会団体からの基金などの公共的財源から資金を調達し、税制の優遇措置も講じられるということが進み、事態は大いに発展するだろう。

EUには少数の声を支える活動短期支援助成制度があり、ドイツの非営利コミュニティFM局「ラジオドライエックラント」が一五カ国放送のために一時獲得していた。在住外国人、移民、女性、障害者らの少数の「声」の公共性を認めた助成である。二〇〇八年には欧州会議がコミュニティ・メディアを支援するよう決議した。ドイツは公共放送の受信料の二パーセントが州の放送行政に送られるが、現在それらの地方メディア機関が力を入れるのは、市民のメディア制作研修である。

また、韓国は公共の電波を用いて広告を放送するにあたり一定の割合で拠出した基金を積み立て、放送発展基金という形で、市民の番組制作支援施設を建設している。二〇〇五年一一月に釜山に建設された視聴者メディアセンターは、社会的少数者の声が番組制作につながるよう出前講習も行い、その番組はコミュニティの放送や、前述のKBSの全国放送「開かれたチャンネル」でも放送される。

カナダでは、少数先住民族の人々が熱心に要請を続け、ついに自らを自らで伝える「アボリジナル・ピープルズ・テレビジョン・ネットワーク（ＡＰＴＮ）」という非営利運営の放送局が一九九九年にマニトバ州ウィニペグに誕生した。わずか人口三パーセントの先住民族であっても、放送の主体となる権利を保障した先進事例と言えるが、その財源の確保の方法がユニークである。多文化主義法という基本法をふまえ、加入世帯が六〇〇〇以上のケーブル局には、ＡＰＴＮの番組のネット放送を義務づけたのである。そのためケーブル加入料の一部がＡＰＴＮの収入となる。

各国事例のように財源確保の制度がないと持続可能な営みにすることは困難だ。日本における制度的な支援体制は皆無に等しいが、「コミュニティ・メディア」は地域社会と市民に支えられて着実に発展してきている。地縁型の住民組織とＮＰＯ／ＮＧＯなどのアソシエーション、あるいは社会運動の営みは、ときに水と油のように相容れず協働が難しいとされるが、「ＦＭわぃわぃ」は、地域において対話を創り、参加を生み出し、市民社会の合意形成をもたらしている。コミュニティ・メディアの一つの先進的モデルを提起しているのである。

われわれが神戸を深く見つめることは、阪神・淡路大震災が提起した問いかけを受け止め、「そこで誕生したボランティアがもつ原動力とボランタリズムの可能性を市民社会における支えあい（サブシステンス）の思想として根づかせてゆく」ことなのではないか。西山（二〇〇六：ⅳ）がこう述べたように、災害はどの地域にも生起しうるものであり、異なる背景の住民がともに暮らして支え合って生活するありようは、長田だけがかけ離れて特別なことではない。現在、どの地域でも住民一人ひとりの声が聞こえにくくなっている。正規と非正規の賃金格差の広がり、独居高齢者の孤立、子どもたちの引きこもりや居場所のなさなどの社会的困難に向き合うとき、「コミュニティ・メディア」が活躍できる場は広がっている。多くの市民が「コミュニティ・メディア」を求め、社会全体がそれを支える制度を作りあげるまで、もう一息のところに近づいている。

参考文献

児島和人・宮崎寿子編（一九九八）、『表現する市民たち―地域からの映像発信』ＮＨＫブックス。

高端正幸（二〇〇四）、「公共サービス供給の多元化とソーシャル・エコノミー」神野直彦・澤井安勇編『ソーシャルガバナンス―新しい分権・市民社会の構図』東洋経済新報社。

津田正夫・平塚千尋編（一九九八）、『パブリック・アクセス―市民が作るメディア』リベルタ出版。

――（二〇〇六）、『新版　パブリック・アクセスを学ぶ人のために』世界思想社。

マクウィル・デニス（一九九五）、「公共性の観点から見たマスメディア」Ｊ・カラン／Ｍ・グレヴィッチ編『マスメディアと社会』（児島・相田監訳）勁草書房。

西山志保（二〇〇六）、『ボランティア活動の論理―阪神・淡路大震災からサブシステンス社会へ』東信堂。

ロバート・Ｄ・パットナム（二〇〇六）、『孤独なボーリング―米国コミュニティの崩壊と再生』（柴内康文訳）柏書房〔Patnam, Robert D. (2000), *Bowling Alone: The Collaps and Revival of American Community*〕。

ヴィクター・Ａ・ペストフ（二〇〇〇）、『福祉社会と市民民主主義―協同組合と社会的企業の役割』（藤田暁男他訳）日本評論社〔Pestoff, Victor A. (1998), *Beyond the Market and the State: Social Enterprises and Civil Democracy in a Welfere Socioty, AsI*〕。

松浦さと子（二〇〇六）、「民主的コミュニティ放送の可能性とデジタル社会―社会運動を接地させる地域社会のメディア環境」『社会学評論』57(2)。

――（二〇〇七）、「地域のコミュニケーション・インフラの持続可能性―非営利コミュニティ放送の運営調査から」『龍谷大学社会学紀要』第30号。

松浦さと子・小山師人編（二〇〇八）、『非営利放送とは何か　市民が創るメディア』ミネルヴァ書房。

松野良一（二〇〇四）、『市民メディア論―デジタル時代のパラダイムシフト』ナカニシヤ出版。

松野良一・妹尾克利・川井信良・高谷邦彦・吉村卓也（二〇〇五）、『市民メディア活動―現場からの報告』中央大学出版部。

第8章　吉野川可動堰建設をめぐる住民投票運動
――「市民的専門性」と川の民主主義

佐野　淳也

はじめに

「市民」の時代、と言われる。従来、官僚が多くの決定権を持っていたこの国で、市民が自ら動き、既存のシステムを変えようとしている。住民投票も、そのひとつだ。

ここで題材として取り上げる「吉野川可動堰建設の是非を問う住民投票運動（徳島市）」では、ごく普通に生活している住民たちが、建設推進側の建設省の主張に対抗する形で河川開発のありかたや公共事業の問題性について学び、自分たちにとって必要な知識を獲得して運動してきた。本稿では、そうした問題解決のために市民が培った専門的な知識や技術を「市民的専門性」と呼び、その醸成過程においてどのような活動がこれからの市民運動・住民運動に求められているかを探りたい。

一　吉野川可動堰建設をめぐる住民運動の概要

1　可動堰問題の概要

吉野川は、高知県瓶ヶ森《かめがもり》に源流を発し、主に徳島県を流れる四国を代表する大河だ。全長一九六キロ、河口部での広さは実に約二キロに達する。

この川に幅七二〇メートルの大規模な可動堰を建設し、洪水を防止するというのが、吉野川第十堰改築計画だ。事業主体は国土交通省。下流に残る江戸時代より現存する古い堰「第十堰」を撤去し、代わりにその一・五キロ下流、つまり河口から一三キロ地点に可動式の堰（ダム）を建設しようというもの。

現在、この計画は二〇〇〇年一月に行われた住民投票の結果を受け、白紙に戻されている。しかし計画自体が完全に無くなったわけではない。現在も、住民運動側は国交省に対し計画の完全中止を求める動きを続けている。

第十堰《だいじゅうぜき》とは、吉野川に江戸時代から残る古い石積みの堰。元々は、農業用水の確保のため藩と農民が共同で作り上げたものであった。昭和四〇年代に建設省（当時）によりコンクリート補強がされたが、蛇籠《じゃかご》に石を詰めた透過構造であったことから、川の水を完全に遮断せず、堰下流に淡水と海水が混ざった豊かな汽水域を創り出してきた。約二五〇年前（一七五二年）に作られたこの堰は、生態系と調和した近自然工法のモデルとして、高く評価されている。

2　住民運動の始まり

一九九三年、「吉野川シンポジウム実行委員会」（以下、吉野川シンポ）という市民グループが結成された。同会は「改築計画に疑問がある」としてシンポジウムや講演会などを開き、計画の問題点を広く社会に問う一方、建設省に対して粘り強く情報公開を求める活動を展開し始めた。その活動の中心にいたのが、徳島市内で司法書士事務所を開いている姫野雅義氏であった。彼は活動に際して次のように考えていた。「〝始めに建設ありき〟といった建設省側の姿勢は明らかにおかしい。しかし我々も〝始めに反対ありき〟といった運動スタイルを取るべきではない」。

つまり、反対運動ではなく、計画の是非を住民が判断するうえでの客観的事実を求める運動スタイルであった。姫野氏は「私たちは反対派市民団体ではなく、計画に疑問を持ちその是非を住民全体で考えるための活動をする団体です」と、会主催のシンポジウムなどの場で再三語っている。

また、同会は可動堰問題に対し住民に関心を持ってもらうためには、まず人びとをもう一度川辺に呼び戻すことが大切だと考え、カヌーイベントや第十堰周辺でのバーベキューなどの親水イベントを数多く開いた。同時にこれは、アウトドア愛好家たちが自然保護の活動に参加する大きな契機ともなった。

こうした関心を住民の間に広げ、川や環境の問題を〝自分の問題〟として捉えてもらおうとする活動は、その後の住民投票の動きにつながる大きな基盤にもなった。こうして自然保護団体や市民グループの活動の輪は、着実に広がっていった。

3　建設事業審議委員会をめぐって

一九九五年一〇月から一四回かけ行われた「吉野川第十堰建設事業審議委員会」の中では、流域の首長、議員や「専門家」による計画内容についての審議が実施された。

しかし実際には建設省側の計画推進の理由を聞くだけといったものも多く、また人選が県知事により行われ審議委員のほとんどが計画推進派であったことから、実際は審議の場としての客観性を欠くものであった。

いっぽう市民団体側は、途中から公開となった委員会への傍聴行動などを通して、推進側の理論に科学的に反証していった。

特に、建設省側の洪水水位計算に対し市民団体側が独自の水位計算を行って、反証したことは画期的であった。一九九七年、吉野川シンポは民間の河川技術者と共同で「建設省が可動堰化の理由とする〝一五〇年に一度〟の大洪水が起こった場合でも、水位は安全基準水位（計画高水位）を下回るため可動堰化は必要ない」という独自計算値を公表し、大きな話題となった。

だが二年九カ月にわたる審議の末、審議委員会は一九九八年に「可動堰計画は妥当」との最終意見をまとめ、建設省に提出した。これに対し計画に疑問を持つ市民団体たちは、別の形での計画への「民意」を明らかにするための、住民投票の実施を模索し始めた。

4　住民投票運動の開始

一九九八年九月に「第十堰住民投票の会」が結成された。その名のとおり、可動堰計画の是非を問う住民投票を実現させることを目的とした会であった。会は、住民投票条例の制定を徳島市長に直接請求することとし、そのための署名活動に取り組むことを決めた。

住民投票を実現するうえでは、有権者の五〇分の一以上の署名を集め、自治体に提出することが地方自治法によって定められている。しかしそれだけの署名数では、恐らく市議会に否決される可能性が強いだろうと会のメンバーは考え、徳島市の有権者の三分の一にあたる七万人の署名を集めることを目標とした。

署名集めの方法は、大きく四つに分かれていた。ひとつは「受任者」と呼ばれる署名集め人による署名集め。地域や家庭、職場などで顔から顔へ署名が集められた。

次に、街頭での署名集め。署名集め人が人通りの多い駅前などに立ち、道行く人に署名を呼びかけた。これは徳島市での署名運動に先立って行われた、神戸空港建設の賛否を問う神戸市での署名集め活動の中で取り入れられたものであり、特に人口の多い都市部で有効な方法のひとつだった。

三つ目には「署名スポット」と呼ばれるもの。これは地域の商店や事務所、病院や寺社などが署名活動の拠点となり署名を集めたもので、実に二二五カ所もがリストに上った。各署名スポットには「みんなで決めよう第十堰」という標語とイラストがデザインされたのぼり旗がひらめき、街の署名ムードに一役買った。

署名スポットは、①署名することができ、②署名簿を持ち帰って自分で署名を集めることができ、③

集った署名簿を回収してもらうことができる、という三つの機能を持っていた。これは、市民の主体的な行動を引き出すうえで、重要な働きをしていた。

四つ目として、戸別訪問による署名集めがあった。特に署名集め活動（一ヶ月）の後半には、街頭署名や署名スポットのみでは網羅しきれない街の隅々まで、受任者たちが地区ごとに訪問し、住民投票の意義を伝え署名を集めていった。

彼らは自分の暮らす地域で、また全く知らない地域で、近隣の人びとやまた初対面の住宅をも訪ね、署名を集めた。個別訪問を行ったボランティアの一人は、その体験談を次のように語っている。

「ある家では『いくら住民が署名を集めたところで、お上がするって言よんじゃけん可動堰は造られる。こんな運動したって、無駄じゃ』と最初署名を断られた。しかし、一人ひとりの力は弱くとも、みんなで力を合わせれば行政も動かすことができる、と粘り強く説得を試みた結果、最後には署名してくれた」。また、中には「ぜひ自分たちの想いを行政に伝えてほしい」と託すような想いで署名してくれた住民もいた。その結果、予想を大きく上回る実に約一一万人もの署名が集まった。実に、これは徳島市の有権者の過半数に達していた。

5　市民の政治参加

住民投票の会は一九九九年二月、この署名をもとに住民投票条例の直接請求を徳島市に提出した。しかし、徳島市議会はこの請求を否決してしまった。その理由は「治水計画のような専門的な課題は、住民投票には馴染まない」というものだった。また、当時の県土木部長は「住民はマスコミなどの感情的なキャンペーンに煽られやすく、冷静な判断ができない」とまで発言している。

これに対し、住民の怒りは爆発した。自分たちの代表であるはずの議会が、過半数の住民が求めた請求を受け付けないという事態に、いかに民意と議会の意思が乖離しているかを住民側は思い知らされた。ちょうどその二カ月後の一九九九年四月、統一地方選にて市議会議員選挙が予定されていた。当然住民投票の会では、自分たちで候補者を募って、選挙に打って出ようという声が上がった。

しかし、いっぽうで選挙に関わることへの抵抗も大きかった。住民投票の会を通じて活動してきたメンバーは、主婦などの「普通」の住民が大半であった。いわば〝ふるさとの川を守りたい〟という素朴な思いのメンバーが多く、プロの「市民運動家」たちが中心の運動ではなかった。

それだけに、得体の知れない政治の世界に市民が関わっていくのは、かなりの勇気と覚悟を必要とした。しかし有権者の半分が署名した住民投票条例制定の直接請求を、自分たち市民が選んできたはずの〝議会〟が充分な議論もないままに否決した事実に対し、やはり「市民が政治の場に積極的に関わり発言し、そして地域の政治のありかたそのものを変えていかなければならない」と多くの住民が感じ始めた。

そして一九九九年四月、新たに「住民投票を実現する市民ネットワーク」が結成され、署名活動に関わってきた住民の中から五人の候補者が市議選に立候補した。そして大方の予想を裏切ってそのうちの三人が当選。さらに住民投票を支持していた他の候補者も当選し、市議会の構成は大きく変わることとなった。

6　住民投票の実施

市議選を通じて構成が変わった議会は住民投票支持派が優位となり、その後いくつかの波乱を経つつも、一九九九年一二月に住民投票条例が成立した。

住民投票は、二〇〇〇年一月二三日に実施されることとなった。しかし、ここにひとつの問題があった。投票率が五〇パーセントを越えなければ、投票そのものを無効とするとの条件が、この成立した住民投票条例には付け加えられていたのだ。

そこで、住民投票の会では市民に住民投票の意義を伝え、投票率をアップさせる取り組みに全力を注いだ。いっぽう吉野川シンポなど市民団体は、可動堰計画の問題点を指摘したリーフレットをボランティアの手により徳島市内に全戸配布した。

その内容は、可動堰が正常に作動しない場合に、かえって洪水を起こしてしまう危険性や、長良川河口堰建設後のシジミ被害などの環境への悪影響が、吉野川においても起こり得るという危険性を訴えたものであった。

逆に建設省や県の側は、「生命や財産を守るうえで可動堰化が必要」としたパンフを作成し、新聞折込みや説明会を通じて推進キャンペーンを展開した。

過去に住民投票が行われた地域では、原子力発電所や産廃処理場、米軍基地の建設など、環境や暮らしに影響を与える重要なテーマが扱われていた。こうした従来議会や行政に任せてきた「政策判断」を住民自らが考えることにより、住民の自治意識が高まり民主主義への理解が深まるケースが多い。

住民投票運動は「民主主義の学校」そのものであり、いわば地域ぐるみのワークショップでもある。こうして行われた徳島市の住民投票の結果は、投票率約五五パーセント、そのうち可動堰への反対票が約九二パーセントという圧倒的なものであった。前述したように、この結果を受け二〇〇一年八月、時の与党三党は計画を白紙に戻した。

7　住民投票後の動き

住民投票の後、二〇〇〇年五月には新たに「吉野川第十堰の未来をつくるみんなの会」が結成された。この会は、可動堰に代わる治水の方法や第十堰の保存のありかたを、住民の側から提示することを目的としていた。

さらに二〇〇一年五月には、「みんなの会」から委嘱を受ける形で「吉野川流域ビジョン21委員会」が結成された。この委員会には、森林生態学や河川工学などさまざまな専門家が参加し、吉野川上流（高知県）における森林の保水能力に関する調査を行った。

日本の森林の半数近くを、かつて高度成長期に植えられ育てられたスギ・ヒノキなどの人工林が占めている。だが特に一九八〇年代以降海外からの安い材木が大量に輸入されるようになったため、こうした国産材は売れなくなり、山林の多くが荒れ果てている。こうした人工林を適度に間伐し、針広混交林とすることによって本来の植生に近づけていく。すると森林の保水能力が向上し、洪水や渇水を起きにくくなるという効果が現われる。

これがよく言われるところの「緑のダム」効果であり、ビジョン21はこれを吉野川流域において科学的に証明することを目標に調査・研究を進めてきた。二〇〇四年三月には、三年間の研究成果をまとめた報告書を作成・発行した。こうした一連の研究活動にかかった経費約三、二〇〇万円は、住民からの寄付金と助成金、徳島市の補助金によって賄われた。

二〇〇二年五月には、NPO法人「吉野川みんなの会」が誕生した。①可動堰に替わる住民案をつくる②吉野川とこどもをつなぐ③吉野川の流域圏をつなぐ、の三つを大きな活動目的に、現在も活発な行動を続けている。最近では、国土交通省の「吉野川水系河川整備計画」づくりに対しさまざまな提言活動を行い、真に住民参加型の計画づくりが行われるよう働きかけを行っている。

また二〇〇二年四月には、前知事の汚職辞任に伴う出直し知事選挙にて、市民運動側が後押しした大田正氏が初当選を果たした。その後保守派の巻き返しにより大田氏は知事の座を失ったが、県議選にて同じく吉野川の市民運動出身者が当選するなど、県内の政治状況に大きなインパクトを与えてきた（現在は総務省出身の保守派知事が二期目を務めている）。

こうした「ふるさとの川を残したい」という素朴な感情から始まったこの吉野川の運動は、大きなうねりとなり、全国の公共事業のありかたや住民と政治との関係性に多大な影響を与えてきた。従来、行政や専門家に任せてきた事柄を、住民が自らの問題として捉え、その解決や決定の場に主体的に参加し地域のビジョンをつくっていくプロセス。それが、ダム（可動堰）開発という一点の課題を通して立ち現われている姿は、実に示唆的だと言えるだろう。

二　「市民的専門性」の形成過程と学びのプロセス

1　運動における学びのプロセス

吉野川の事例においては、住民が住民投票で政策判断するにあたって、まず可動堰建設計画がそもそもどのようなものであり、何のために行われるものであるのか、そして建設のメリットとデメリットの両方について知っておく必要があった。

計画に疑問を持つ市民団体側の提示する代替案の内容や、計画の有効性に関するさまざまな分野の専門家の見解についても、住民に知らされる必要があった。住民投票の会をはじめとする住民団体やそのメンバーが果たしたのは、いわばこうした学びのプロセスを推し進めるファシリテーターとしての役割であったとも言える。

吉野川シンポでは、一九九三年の発足からこれまで、一貫して市民を川へ呼び戻す活動を続けてきた。つまりかつて流域に暮らす住民が持っていた、川との濃厚なつきあいかたを、都市住民が再度持ち始めるための活動である。こうした活動を通して参加者は、川の生態系の豊かさや川の水をダムで堰き止めることの有害性を、体で学んでいった。

いっぽう、もうひとつの代表的な市民団体である「ダム・堰にみんなの意見を反映させる県民の会」

では、一貫して〝政策に民意を反映させる〟というスタンスを取り、あえて「反対運動」というスタイルを取らなかった。こうした運動団体による活動が、今回の住民投票の下地となり、市民が冷静に政策を判断するうえで大いに役立った。

運動のリーダーである、姫野雅義氏をはじめとするメンバーは、長年の活動を通じて河川や治水についての深い知識を身に付けていった。さらに経済面・環境面・文化面など多分野での勉強会や専門家との接触を通して、可動堰問題に対する総合的な視点が運動の中に蓄積されていった。それは、狭い専門領域から問題を論じようとする建設省サイドの専門家たちの視点とは、実に対照的なものであった。

運動を行ってきた住民たちが持ち得たのは、いわば可動堰という特定のイシューに対する「市民的な専門性」であった。住民投票を通じて、そうした市民的専門性が、他の多くの住民にも広く共有されるようになったことの意義は、とても大きい。

そこには、個々の住民に充分な情報を提供し、問題への判断能力を育てたうえで、住民全体で問題解決にあたる条件づくりをする、という一種の哲学が透徹していた。

2　「市民的専門性」とは何か

「市民的専門性」とは、市民が持つ問題解決のための知識や力である。行政機構では充分に住民のニーズがくみとれない場合、また行政・官僚の持つ専門性が地域社会の利益に反している場合、市民はそれに対抗し代わり得る総体としての市民的専門性を獲得する必要性に迫られる。

当初、吉野川可動堰計画に対する住民・市民の運動は、可動堰建築を妥当とする建設省や県および市町村議会の判断に対し、その論理的正統性を求めかつ科学的に反証していくことから始まった。論議の場では、むしろ市民団体側の主張がより客観性を備えていると見受けられることが多く、その後推進側である建設省徳島工事事務所や徳島県が、「明日にも洪水が起きる」といった感情的なキャンペーンに走らざるを得ない状況をもつくり出した。

吉野川可動堰建設をめぐる住民投票運動における「市民的専門性」の中核にあるのは、こうした活動を通して市民団体の中に蓄積されてきた科学的な知見・理論である。それは生活者の持つ「生活知」と専門家の持つ「専門知」を融合した問題解決型の知識・力でもある。それは、住民性と市民性という言葉でも表現できる。

つまり、イシューの直接の利害当事者である地域住民が培うローカル・ノレッジ（生活知）と、イシューへの間接の良心的関与者（支援者）である外部の専門家たちが提供する専門知が、地域社会内部で組み合わさることによって、新たな専門性が獲得できる、という発想である。ここでは、専門家は地域住民ではなく「市民」として、そのイシューに直接の利害を持たなくとも自分の専門性を通して問題解決にコミットし、市民的専門性形成のアクターとなっている。

3　吉野川の運動における「生活知」

吉野川の事例の場合、「生活知」にあたるものとして、まず流域住民の経験的な川への知識があった。

その代表的な事例に、第十堰の間近に暮らす徳島市国府町の佐野塚地区の人びとの活動がある。

佐野塚地区は、六二戸からなる典型的な農業集落である。徳島市の最も北西、吉野川南岸に位置する佐野塚地区は、第十堰の間近にあり建設省が主張する第十堰が原因での洪水が起きた場合、隣接している名西郡石井町とともにまっさきに被害を受ける地域でもある。

その佐野塚の人びとが可動堰化計画に異議を唱え出したのは、建設省が地区に向けて説明会を行った一九九五年ごろからであった。「佐野塚・第十堰を考える会」委員の山下信良さんは、「住民にとって、第十堰は先祖が私たちに遺してくれた貴重な財産。私たちは第十堰を《お堰》と呼んで敬い、同時に生活に密着した憩いの場としてずっと大切にしてきた」と語っている。そうであるがゆえに、第十堰が老朽化しており洪水の原因となる危険なものだという建設省の改築理由は、住民にとって受け入れ難いものであった。

こうした佐野塚・第十堰を考える会の主張の背景には、先祖代々第十堰の間近で暮らしてきた住民としての想いがある。山下さんは「先祖代々ずっと第十堰のそばで暮らしてきたが、いままで一度も第十堰が原因で洪水が起きたことはない。第十堰は一年のうち多くを川水が堰の上を通って流れ、堰内部にも水が透過していることから上下流を分断せず、生き物も行き来できるが、可動堰によって水を溜めてしまうと川の水が汚れ、生物の環境にも影響をおよぼす」と語る。

こうした可動堰化への疑問を表明するローカル・ノレッジは、吉野川を生活の場とする川漁師たちの中にも見られる。吉野川の河口で海苔養殖を営む賀川宣明さんは、次のように語っている

「土佐水というてよ、上流の土佐で大雨が降ったら、一週間くらいこの川は泥水で濁ったんよ、昔は。それがこの川の養分じゃったんやと、あとでわかった。カミに大きなダムが二つも次々とできて、ここら河口では、自分で動いて逃げれんいきもんから順におらんようになった。ハマグリ、シラウオ、アオギス。ダムで堰き止めた水には全く養分がない。あれらぁがおらんようになって、わしら漁師にも、やっと川の水の力がわかったんよ。ほなけん、新しい河口堰を造るんは、絶対反対……」（天野礼子一九九八）。

川漁師たちは、長年にわたり川によりそってきた経験から、河川工学上の知識は無くとも、洪水が起きるメカニズムやダムの弊害についての身体的な知識を持っている。そうした生活知から、市民団体もまた活動の原動力を得、また自身の主張の正統性を強めてきた。

4　吉野川の運動における「専門知」

それでは、市民的専門性を構成するもうひとつの要素である「専門知」は、吉野川の運動の中ではどのように導入されていったのだろうか。

まず、運動を理論的に支えた専門家・専門職として民間コンサルタント会社に勤務する神亀好氏が挙げられる。彼は県外在住ながらボランティアとして吉野川シンポジウム実行委員会の活動に加わり、特に審議委員会の場面において、建設省の洪水に関する水利計算に反証する市民団体側の独自の見解づくりに大きく貢献した。

また、新潟大学工学部教授の大熊孝氏は、川を収奪し押え込む近代河川工法の限界を指摘し、「あふれる川」を認めるという大胆な発想のもと、自然と人間が共存できる新たな治水のありかたを提唱している。

大熊氏は市民団体の招きで再三徳島県を訪れており、第十堰を危険視し可動堰がベストとする建設省側の理論に対し、第十堰を自然素材による柔構造と生態系の調和の面から再評価し、むしろ近代河川工法の象徴である可動堰を膨大な維持管理費と生態系への悪影響から批判する市民団体側の主張の、大きなバックボーンとなる理論を提供してきている。

その他、さまざまな専門家・専門職が住民の動きを支援しており、いっぽう市民団体側は専門家の協力のもとさまざまな知識・理論を身に付け、それを総合的に組み合わせることによって個々に団体としての市民的専門性をつくっていった。

そうした個々の団体・個人の知識・判断能力が互いのネットワーキングを通して組み合わさることにより、運動全体としての市民的専門性が構築されていったが、そこには主に治水や河川工学に関するもの、環境への影響や生態系に関するもの、財政上の費用分析や経済効果に関するもの、民主主義や市民自治に関するもの、川と人間の関係のありかたや歴史に関するもの、などさまざまな側面があった。

5　「市民的専門性」形成過程におけるファシリテーターの役割

専門家の持つ狭い領域での専門性と、地域住民の持つローカル・ノレッジ（生活知）をつなぎ、その互いの接点から新たな問題解決型の専門性を生み出し、それを地域社会に還元していくのが、ファシリテーターの役割である。

ファシリテーターが市民的専門性を地域社会に培っていく過程においては、地域住民の持つローカルノレッジを紡ぎ出しそれをひとつの理論体系として編み出していくことが重要である。住民は日々の暮らしの中で、体験的にさまざまな知識を身に付けたり、また直感的にイシューに対する一定の判断を行っている。

しかしそうした経験知・身体知は、体系化された専門性による下支えを必ずしも持たない。ファシリテーターは、人びととの対話や日常的な交流を通して、問題に対する住民の素朴な感情や、直感的だがしかし専門家が概して持ち得ない総合的な判断力を引き出し、それをさまざまな形のローカル・ノレッジと練り合わせていく作業を通して、その当該地域独特の市民的専門性のベースとなるものを見つけ出していく。

さらにそうした人びとのローカル・ノレッジの総体たるものを、立証し得る専門家の専門知をそこに導入し、人びとが身体的・経験的に「知っている」事実や、疑問といったものを、科学的に証明し、正統化していく働きをもファシリテーターは担っているのだ。

吉野川の事例においては、住民が住民投票で政策判断するにあたって、まず可動堰建設計画がそもそもどのようなものであり、何のために行われるものであるのか、そして建設のメリットとデメリットの両方について知っておく必要があった。

さらに計画に疑問を持つ市民団体側の提示する代替案の内容や、計画の有効性に関するさまざまな分野の専門家の見解についても学んでおく必要があった。ここで、ファシリテーターとしての運動体の活動に求められるのは、まず地域住民の問題意識の掘り起こし（気づきのプロセス）と判断基準となるさまざまな情報および見解の提供（学びのプロセス）であった。

そうした運動のファシリテーター的リーダーの一人であった姫野雅義氏は、一九九三年より現在の活動を始め、以後常に運動の中心的役割を担ってきているが、河川工学には全く素人であったにもかかわらず、第十堰周辺の水利計算などを専門家とともに進め、その後第十堰問題に関しては、最も詳しい〝専門家〟の一人となった。

彼はそうした自身が得てきた市民的専門性を、積極的に団体の他のメンバーや、また地域住民に対して提供してきた。市民向け第十堰講座を企画したり、地元放送局の建設省側との討論番組にも出演した。そして可動堰計画への異議申立てと代替案の提案を市民に向けて行ってきた。

住民投票の運動は、そうした彼の姿勢の延長にあるものであり、それは個々の住民に充分な情報を提供し、問題への判断能力を育てたうえで、住民全体で問題解決にあたる条件づくりをする、という彼の思想を具現化したものでもあったのだろう。

彼を通して、可動堰問題への知見を身に付けた市民団体のメンバーたちもまた、地域のファシリテーターとして、講演会の開催やパンフレットの作成、また地域や職場、家庭において問題の概要を知らせ、人びとの関心を引き出す役割を担っていくこととなった。

6　「市民的専門性」形成過程におけるコアグループの役割

地域のイシューに住民が取り組む場合、そこには問題解決に向けたコアグループが生まれる。それがつまり市民運動体や住民運動体として機能するわけだが、彼らは同時に市民的専門性を地域社会の中に創り出す装置としても機能する。コアグループは住民運動の事務局であったり、地域づくりのＮＧＯであったりするが、その地域社会の問題に深くコミットし、継続的に問題解決に取り組むグループでなければならない。

コアグループには問題分析や政策提言を行うシンクタンク的機能も必要である。ファシリテーターを育成し、組織化して地域内部でのＮＧＯや市民組織によ

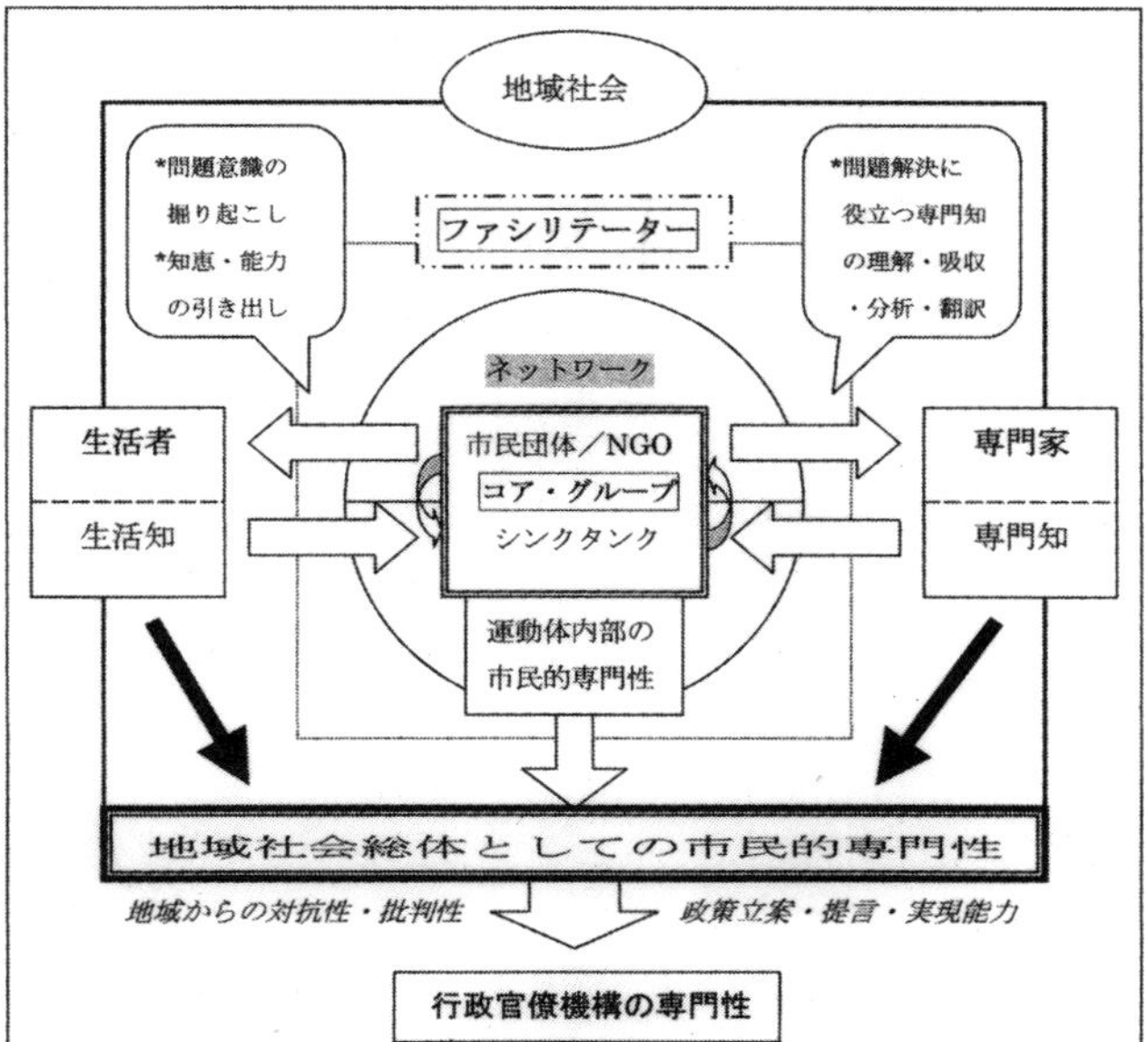

図1　地域社会における市民的専門性形成の概念

る多元的なネットワーキングを創っていく。生活知と専門知を結びつけ運動体やネットワークの中での専門性を創り出し、それを地域社会全体に還元・普遍化していく触媒としての役割もある（図1）。

四　自己変革型ネットワーキングが拓く二一世紀の市民社会

これからの市民セクターに求められるのは、政策の立案、提言、そして実現能力である。住民運動もまた、それまでの反対・要求型の運動から内発型・政策提言型への運動スタイルの変換が迫られている。そのキーとも言えるのが本稿で綴ってきた市民的専門性の獲得だが、それは単に市民団体内部のシンクタンク的機能のみを指すのではなく、個々の住民の持つ総合的な判断能力をも内包する幅広い概念である。

二一世紀は環境の世紀と言われる。現在の複雑に絡み合った相互依存的なグローバルシステムの中では、被害者は同時に加害者でもあり、自己の中の加害者性を意識し変革することなしには、全体のシステムの変革もあり得ない。

市民と行政と企業の三つのセクターによる対等なパートナーシップのもと、市民自らライフスタイルを転換しコミュニティを再構築することによって、「新たな公共」が形づくられていくという議論は、昨今のＮＰＯ社会に向けた動きの中でよく聞かれるものとなってきたが、社会運動の場面においても同様のことが言えるだろう。

そうしたプロセスの、地域における主要なアクターのひとつに本稿であげたファシリテーターの役割がある。ローカルとグローバルをつなぎ、地域住民と地球市民をつなぐ接点としてそうした結び目としてのNGO／NPO、そして市民活動コーディネーターの養成・発展が急務でもある。

地域のシングル・イシューから始まり、徐々に公論を形成しながら保守・革新といった思想・信条を越えて人びとがつながりあうネットワーキング型の運動は、これから新たな公共空間を再構築するうえで決定的な意味合いを持つ。そこでのキー概念は「多様性」であり、違った存在・要素が個人の中でも運動体の中でも溶け合い、相互のインタラクションを通して変革しあうところから自己変革型ネットワーキングが生まれる。

参考文献

天野礼子（一九九八）、「吉野川　洪水と生きてきた」同著『川は生きているか』岩波書店。

今井一編著（一九九七）、『住民投票』日本経済新聞社。

今井一（一九九八）、『住民投票Q＆A』岩波ブックレットNo.462。

佐野淳也（二〇〇一）、『市民的専門性を地域の社会運動にどう培うか』日本ボランティア学会　二〇〇〇年度学会誌。

――（二〇〇三）、『吉野川流域の取り組み―住民運動に視る学びのプロセス』（別冊［開発教育］「持続可能な開発のための学び」）開発教育協会編。

神亀好（一九九八）、「吉野川を第二の長良川にするな！」『週刊金曜日』二二三号。

武田真一郎（一九九八）、「吉野川第十堰事業の現状と問題点」『水資源・環境研究』第一一号。

ダム・堰にみんなの意見を反映させる県民の会編・発行（一九九六）、『吉野川 BOOK I』。

徳島自治体問題研究所編（一九九九）、『第十堰のうた』自治体研究所。

新崎盛輝／ダグラス・ラミス（一九九九）、「住民投票は民主主義の学校」『世界』六五七号。

長谷川公一（一九九三）、「環境問題と社会運動」飯島伸子編『環境社会学』有斐閣。

藤井敦史（一九九五）、「市民セクターと市民的専門性」未発表・研究論文。

森良編（一九九七）、『新版　ファシリテーター入門』エコ・コミュニケーションセンター。

山口定（一九九二）、「新市民宣言」山口定ほか編『市民自立の政治戦略』朝日新聞社。

吉野川シンポジウム実行委員会編（一九九七）、「未来の川のほとりにて」山と渓谷社。

第Ⅲ部　世界の中の日本

第9章　比較による日本の市民社会の実像*

辻中　豊

はじめに

一九九〇年代の半ばから、「市民社会」やＮＧＯやＮＰＯなど市民社会組織を表す言葉は日本において一般にも使われるようになってきた。日本だけでなく世界の社会科学の研究においてもその少し前から再びとても重要なものとなっている。しかし、市民社会をめぐる自国の状況だけ見ているとその世界的な意味や意義が十分理解できない場合が多い。ここではできるだけ他の国々との比較**の中から、日本の市民社会の特徴や実像に迫ってみたい。

*　本稿はこれまでの辻中豊ほかの著書、論文に基本的に依拠している。特に辻中豊ほか二〇〇七年からは直接の引用を行った箇所がある。小論の性格から注記や引用は最小限に止めている。

**　一九九七年から二〇〇七年にかけて、日本、韓国、アメリカ、ドイツ、中国、トルコ、ロシア、フィリピン、ブラジル、バングラデシュの一〇カ国調査（ＪＩＧＳ１）が基本的に同一の枠組みで、首都とその他一（ないし数）箇所の地域を対象に遂行された。日本、韓国、アメリカについては辻中編二〇〇二、辻中・廉編二〇〇四、Tsujinaka 2003。特にフィリピンまでの八カ国調査についてはTsujinaka et al. 2007を参照。ブラジルまでの各国についてはコードブックも作成されている。引き続いて二〇〇六－〇七にかけて、日本について、日本全体をカバーししかも、自治会（町内会、町会、区など）、（電話帳所収）社会団体、登録NPOの三レベルにわたる全国調査（社会団体とNPOは全数、JIGS2）を遂行した。ここではJIGS1とJIGS2の二セットのデータを用いる。

一　日本での市民社会という言葉

市民という言葉は明治期に福沢諭吉が翻訳し使い始めたとされている。また戦前（一九三〇年代）には「小市民」映画（松竹）というものが作られ、庶民の生活をリアルに描いて大いに好評を博した。戦後民主化期にも新しい民主主義の基礎として市民社会は議論されたし、市民運動は一九六〇－七〇年代に広がり、市民主体の政治として革新自治体の誕生にも貢献した。これまでに日本には、自由民権運動、大正（・昭和）デモクラシー、戦後民主主義、保革伯仲期など幾度も民主化の波が押し寄せ、そして市民社会もその都度、何らかの形で歴史に登場してきた。それだけでなく後で見るように、日本の市民社会の組織の原型はかなり昔、例えば江戸期や時には中世にまで起源を遡るものもある。

しかし、こうした下からの動きは、言葉としての「市民社会」を日本社会に十分に根付かせるまでには至らなかった。

他方で一九八〇年代には、政府や自治体の中からも市民活動を評価する動きが広がり、一九八〇年代にはNGOが、一九九〇年代にはNPOがマスメディアでも言葉として正統性を得た。そして一九九〇年代半ば以降、震災を契機としたボランティア活動の噴出やNPO法の制定などもあり、ボランティアや市民社会という言葉が急速に社会に浸透していった。市民社会はようやく、メディアを中心に多元的な市民が市民の間での公共性のために協働する相互性のある集団社会を形容するために用いられるようになり、現在に至っている。

こうした市民社会という言葉の複雑な歴史は、確かに欧米では見られない。国際社会でも当たり前のこととして、多様な市民の集団や組織が市民社会として形容されている。他方、欧米以外の国々では日本と同じように、時に深刻な言葉をめぐる葛藤が見られる。

二　なぜ市民社会が重要か――世界的な現実的背景

なぜ、市民社会が一九九〇年代以降、再び世界で注目され問題化したのだろうか。大きく二つの文脈、つまり民主主義の問題と公共性の問題を挙げておきたい。

一つは世界的な民主化の流れである。一九七四年以降、民主化の第三の波が世界に押し寄せたとS・ハンチントンは述べたが、加えて一九九一年の東欧の自由化や旧ソ連圏の独立と自由化はそれに続く民主主義化とともに大きく世界の政治地図を塗り替えた。ただ問題は途上国においても旧社会主義国においても、いかにしてそうした新しい自由で民主主義的な体制を安定化させ強化するかである。そこで注目されたのが、市民の作る集団、組織の役割である。つまり政治を下支えする社会集団として、市民社会の質と量が問題となった。このことは実は、先進国でも同じであって、政党の民主化、市民の政治参加、応答性のある透明性のある政府など多くの課題が市民社会の質・量と関係するのである。

もう一つ重要なことは、現代社会における公共性の担い手の問題である。一九九〇年代以降、各国政府は新自由主義政策などの影響や財政逼迫を理由に公共政策から退却を始めた。グローバリズムの進展とともに、これまで企業内に限られるとはいえ公共性を企業内福利・企業スポーツなどを通じて引き受けていた営利企業も、そうした社会性をかなぐり捨てて世界的な大競争に挑むようになっている。家族の変容は今に始まったものではないが、近年になって急速に家族が引き受けていた福祉や生活保障、教育、安全が十分供給されないことに起因する事態が頻発している。世界的におのおのの国の問題状況は様々であるが、今世紀に入り、政府のガバナンス、企業のガバナンス、そして家族（個人親密圏）のガバナンス*にとって、そしてそれらを総合した社会システム全体のガバナンスにとって、市民社会は決定的に重要な存在となったのである。

＊　ガバナンスの定義として、演繹的なものから、帰納的なもののまで実に多様である。ガバナンスには多様な理解があるが、共通するのはガバメントからガバナンスへという流れであり、おのおのの単位での「統治機関（ガバメント）」（政府や経営者など）以外の多様なアクター（ステーク・ホールダー）、それらの配置構造と機能、規範性（より良い単位状態にいかに移行・発展させるか、それを維持するか）などへの関心が共通する。「家族（個人親密圏）のガバナンス」という表現は一般に見られないが、家族の変容がもたらす社会システムへの問題関心は共有されているだろう。

図1はとてもありふれた誰もが用いるものであるが、現代世界の組織構図の中で市民社会を考える上で有益である。簡単に言えば、政府も営利企業もそして家族もその公共的な役割を縮小し（図の各頂点の

方向へ退却し）、それゆえに公共性の担い手として市民社会が重要になっている。単に機能を補うという意味での役割分担の問題だけでなく、現代社会でのあるべき行動規範や新しい公共性の機能を含め、市民社会それ自身が、また市民社会の政府、営利企業、家族に与える影響が重要になっているのである。その市民社会の組織的中心が団体＝アソシエーションである。

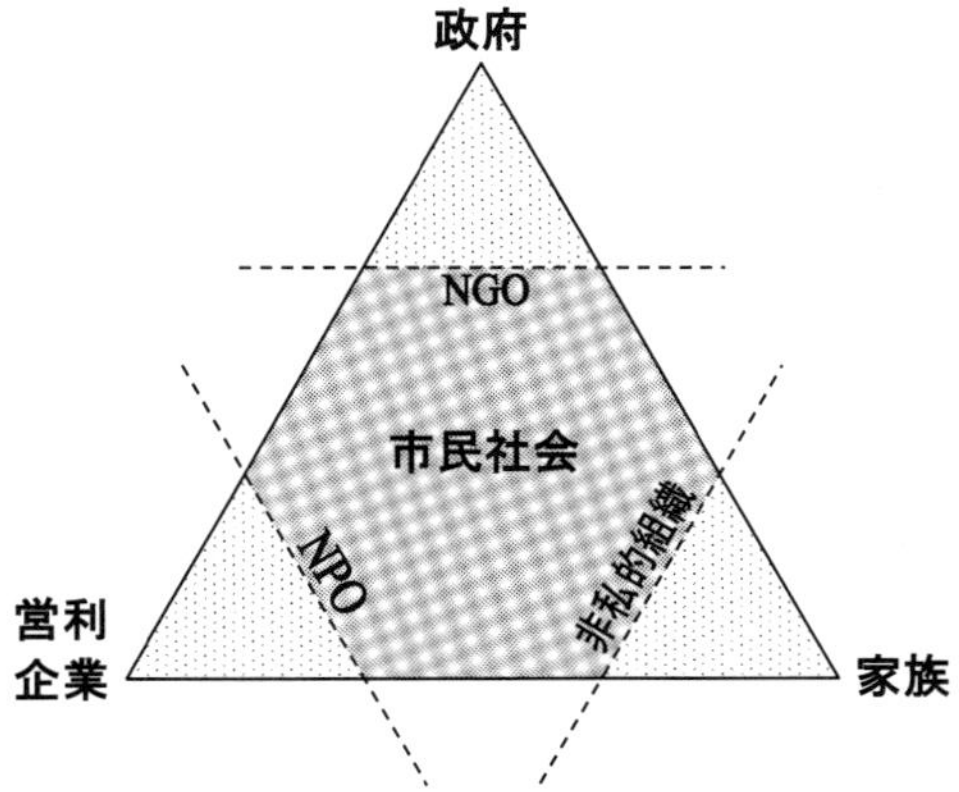

図1　市民社会：政府、営利企業、家族と市民社会

三　世界的な「アソシエーション革命」と日本

一九七二年のストックホルム国連人間環境会議には約三〇〇のＮＧＯが参加したが、一九九二年の環境と開発に関する国際連合会議では公式には一、四〇〇、非公式なものを含めると一八、〇〇〇にものＮＧＯが参加したと伝えられている。国連の経済社会理事会と連携して国際的なＮＧＯや国内的なＮＧＯを含め広範な名簿を作成している国際団体連合によれば、日本が国連に加盟した一九五六年には九八五に過ぎなかったＮＧＯは、二〇年後の一九七六年には六、二二二、一九八六年には二一、五二九（内、国際的で活発なＩＮＧＯ一四、五一八）に達し、いったん停滞

した後、冷戦後再度急増し、九六年には三八、四二三（先と同様なＩＮＧＯ、一五、一〇八）、二〇〇五年には五二、七六三（先と同様なＩＮＧＯ、二一、〇二六）に達しているという。有名なＩＮＧＯであるグリーンピース（本部）の財政規模が国連環境プログラムより大きいなど、一部の国際的なＮＧＯの力が大きいことはメディアのよく伝えるところである。

目を国内比較に転ずると、一九九四年にレスター・サラモンは主として非営利セクター（ＮＰＯ、厳密に言えばNon Profit Sector）の比較研究をもとにして、終焉しつつある「福祉国家」に機能的に代わるものとして世界的な「アソシエーション革命」が生じていることを論じた。その後現在に至るサラモンらジョンズ・ホプキンズ大学を中心とする極めて広範な比較研究は貴重なものであるが、基本的に非営利部門の経営・経済的研究である。既存の各種経済統計を組み替える方法で同部門の経済規模、スタッフ数、寄付総額などを中心に分析している。つまり市民社会組織それ自体の規模や設立については直接検討するものではない。アソシエーション革命やアソシエーションの台頭と表現するものの、彼らの研究では市民社会組織の増大のトレンドを検証してはいない。

そのためここでまず世界的に見れば一九八〇－九〇年代に「アソシエーション革命」が本当に生じていたかどうか検証しておくことも有意義である。ここで言う「革命」は社会科学的な意味での革命ではなく、一つの現象としての設立の急増である。

図2はこれまで私たちが調査（ＪＩＧＳ１）した市民社会組織（データ利用可能九カ国。包括的にほとんどすべての電話を有する団体を対象、Tsujinaka et al. 2007 参照）について設立年の比率を表示したものである。

調査時期が一九九七年から二〇〇六年までずれがあること、サンプル数が四四二から二五八八まで差が大きいことも考慮に入れる必要があるが、一九八〇年代後半から二〇〇〇年にかけてほとんどの国で団体設立の増大という限定された意味での「アソシエーション革命」を確認することができる。より厳密に言えば日本を除くすべての国で設立数のピーク(五年毎計)が一九九〇年代にある。

私たちは日本において二〇〇六－〇七年により広範な市民社会組織の全国調査を行った(JIGS2、「はじめに」*参照)。その調査では電話を持つ社会団体や登録NPOのすべてと自治会の一割を対象として行った。**図3**がその結果である。推定される実際のグラフは自治会のそれを三倍にし、NPOを八割に縮小したものが現実の設立の形に近い。

さてこの二度目のより広範な調査によるグラフから何が読み取れるだろうか。全体的に見て、社会団

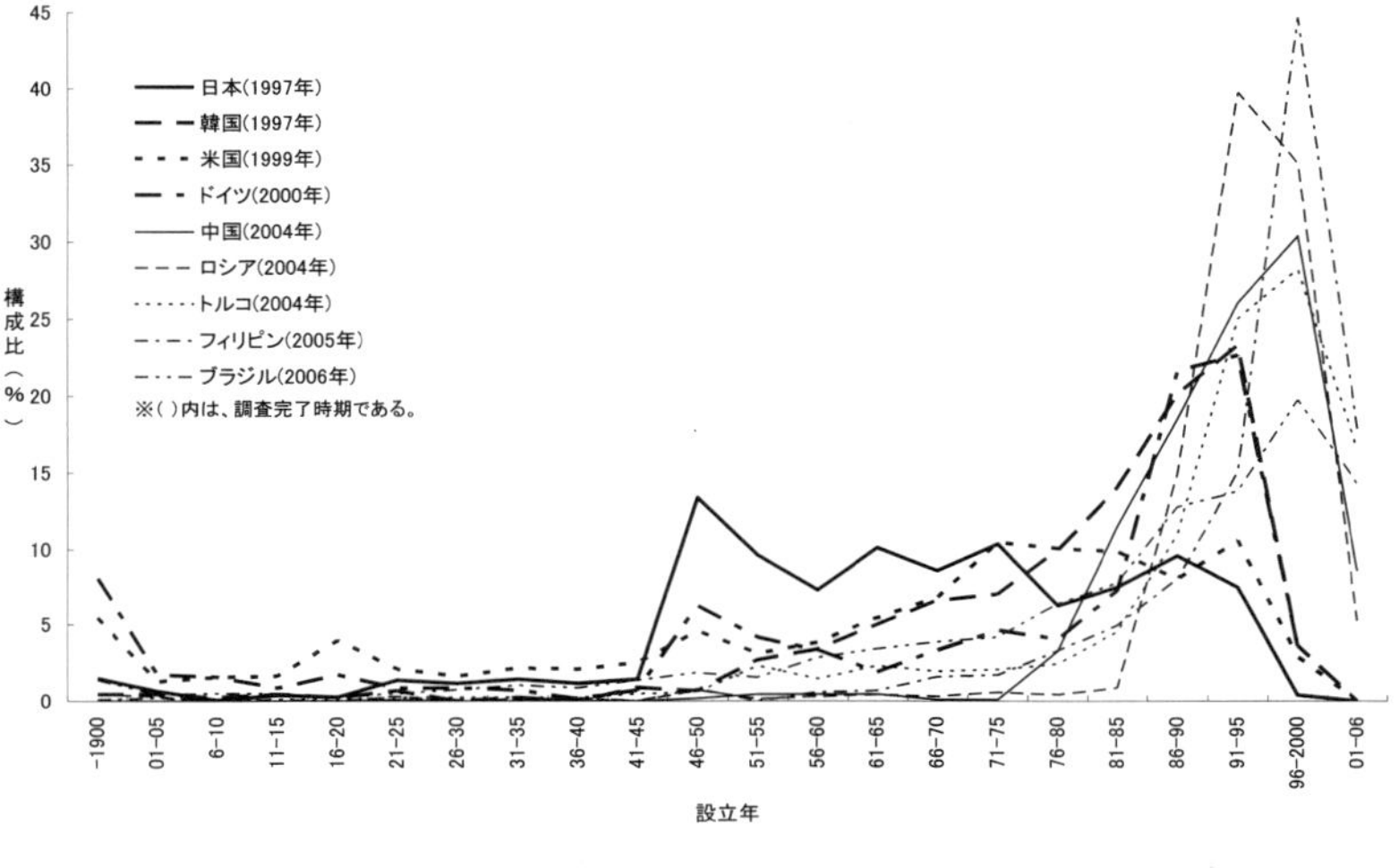

図2　世界のアソシエーション改革と日本：JIGS 1における設立年の比較(9カ国：5年毎)

体では全国データでもＪＩＧＳ１とまったく同様の形状であり、九〇年代以降に大きな「アソシエーション革命」の波は確認できない。自治会というかなり異なる種類の団体においてもほとんど同一のグラフが描かれている。そしてＮＰＯだけが、ＮＰＯ法施行後一九九九年から七年間で七割近くが設立されており、「革命」的であるように見える。ただしこのＮＰＯの噴出は電話帳に所載されるという意味での社会団体数の増大にそれほど大きくは貢献していない。つまり日本では「敗戦直後から高度成長期」に設立された団体が、今まで永続し現在も量的に優位を示していると見ることができる＊。

＊　比較的に見た仮説としては、辻中編二〇〇二：二八五、辻中・廉編二〇〇四：一三三、Tsujinaka et al. 2007 を参照されたい。

果たして日本ではアソシエーション革命は生じなかったのだろうか。

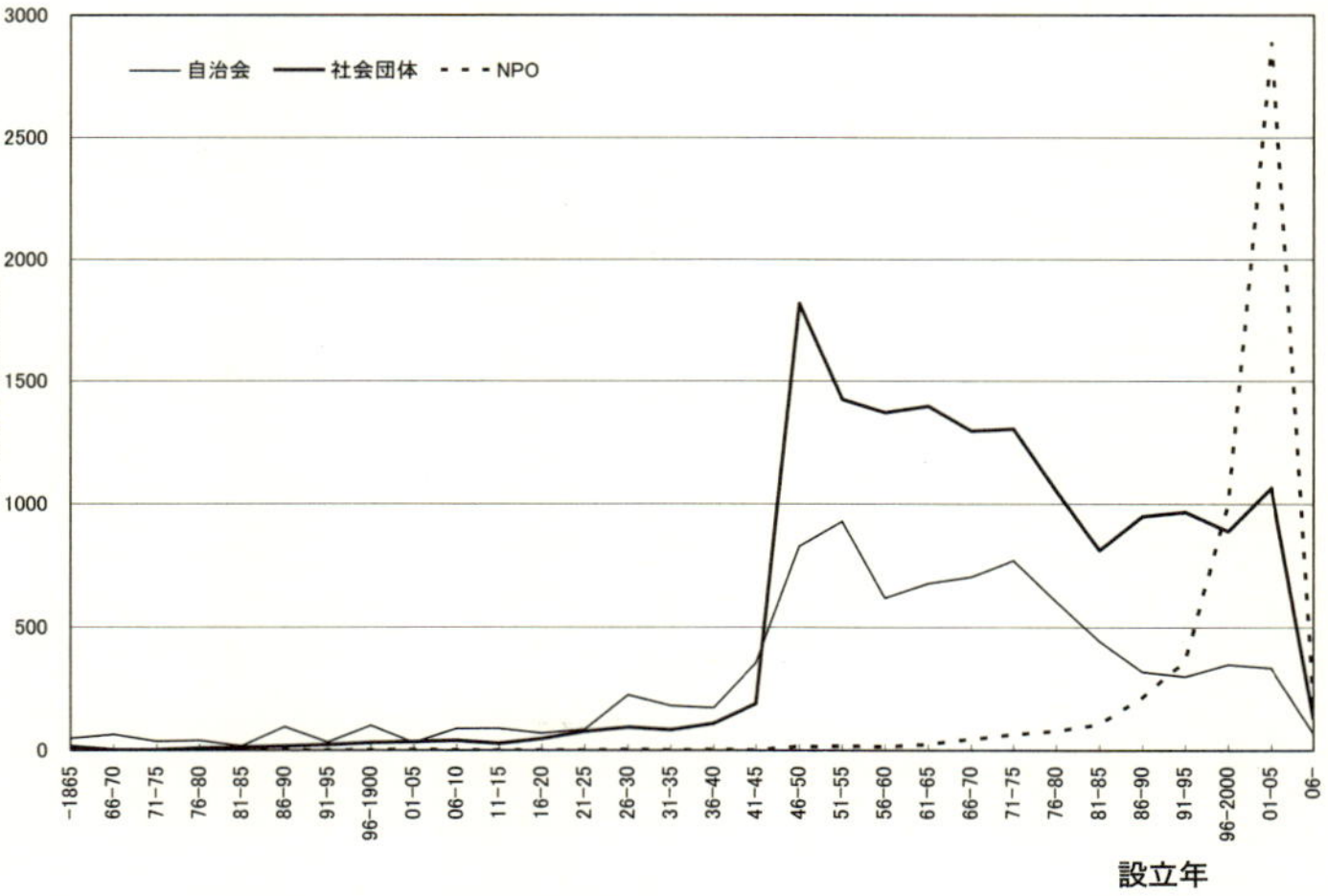

図3　JIGS 2 における設立年の比較（自治会、社会団体、NPO：5年毎）

（注）「–1865」は、1865 年までの設立数の合計である。

四　比較の中の日本の市民社会

団体の形成は最後にもう一度触れたいが、日本の市民社会組織の特徴を大掴みに把握しておきたい。まず、制度的な基礎である。

図4はその一端に過ぎないがそれが示すのは、日本の市民社会の法制度が極めて複雑なことであり、制度的に多くの組織が成立していることである。二〇〇六年春の公益法人改革にもかかわらず、日本には一八〇〇を越える個別の非営利法人制度やNPO法があり全体を把握するのは容易ではない。しかし他方で図4中央右側の任意団体、ボランタリーな集団の法人格はNPO法制定後も高くない。私たちのJIGS2社会団体全国調査でも法人格を有するのは六割である。自治会など地縁団体でも法人格を持つのは一割程度である。

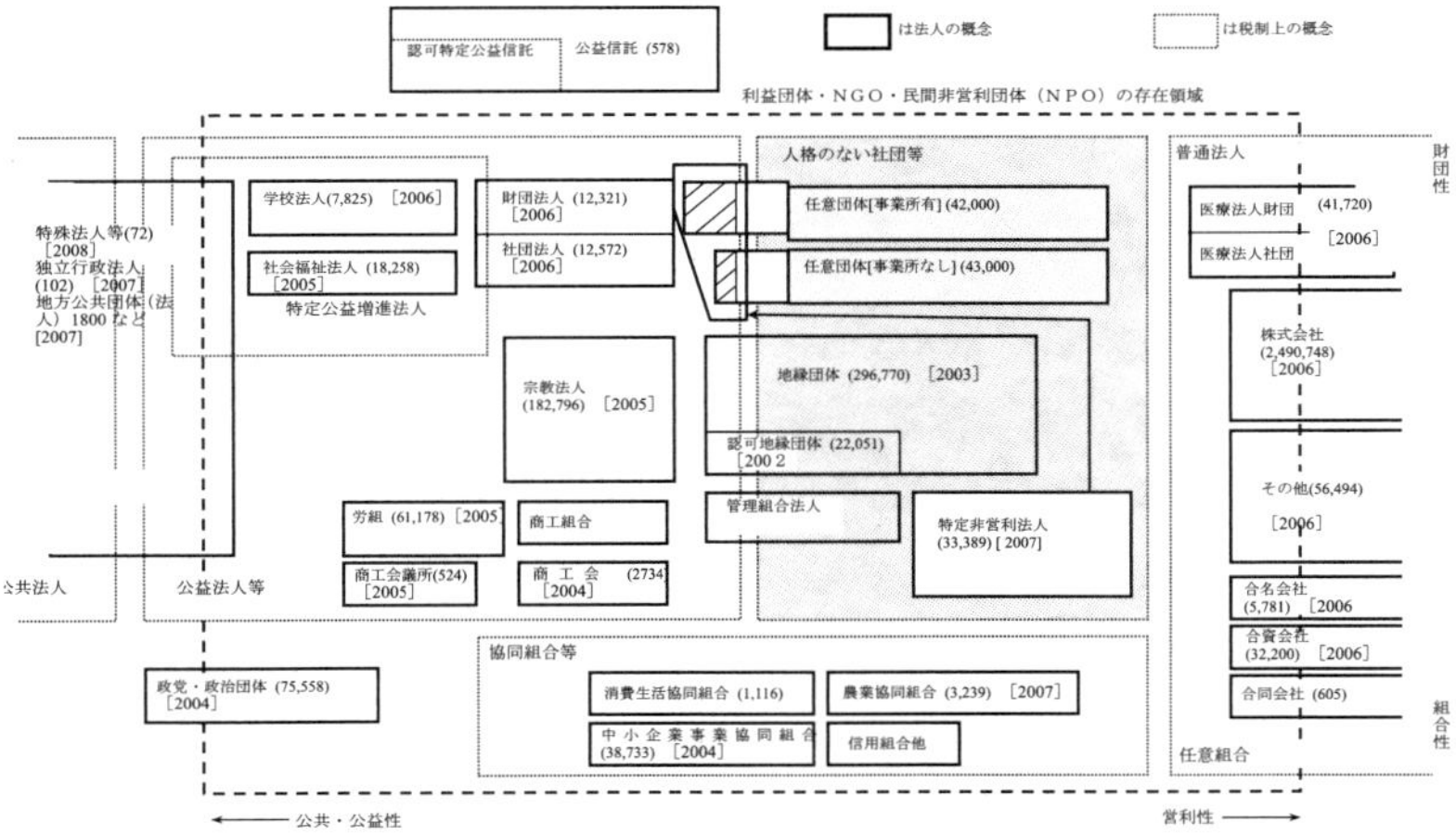

図4　制度から見た日本の市民社会

（資料）団体・法人の位置については、総合研究開発機構研究報告書 No. 930034『市民公益活動基盤整備に関する調査研究』1994年、27頁の図をもとに加筆。団体数については、筆者が政府統計により追加補充した。2007年または最近年の数値。中央右の網掛け部分は、制度化が十分なされていない領域を示す。

比較制度的に詳しく述べることができないが、これまでの一〇カ国にわたる調査経験から、市民社会組織が法人格を有することに関して多くの国でそれが当然視されていることを考えると、日本政府はなお市民社会自体に警戒的であることがわかる。

次に市民社会組織の構成について見てみよう。

市民社会の組織的な構成、多様な団体分類の構成比率は、それ自体が歴史的な遺産や経路依存的な形成の結果である。それゆえ国家を超えた比較や分類自体難問である。私たちのＪＩＧＳ１調査でも、調査団体に選ばせる設問をおき、一〇種類の分類で行う日本調査から出発し、次第に各国の実情に合わせて、四種類（中国）から二二種類（ロシア）まで多様な選択肢を提示することとなった。少なくとも基本的に国家間の対応関係を考慮した細分化となるよう工夫し、比較可能性を担保してきた。ここでは、比較を容易にするために営利セクター、非営利セク

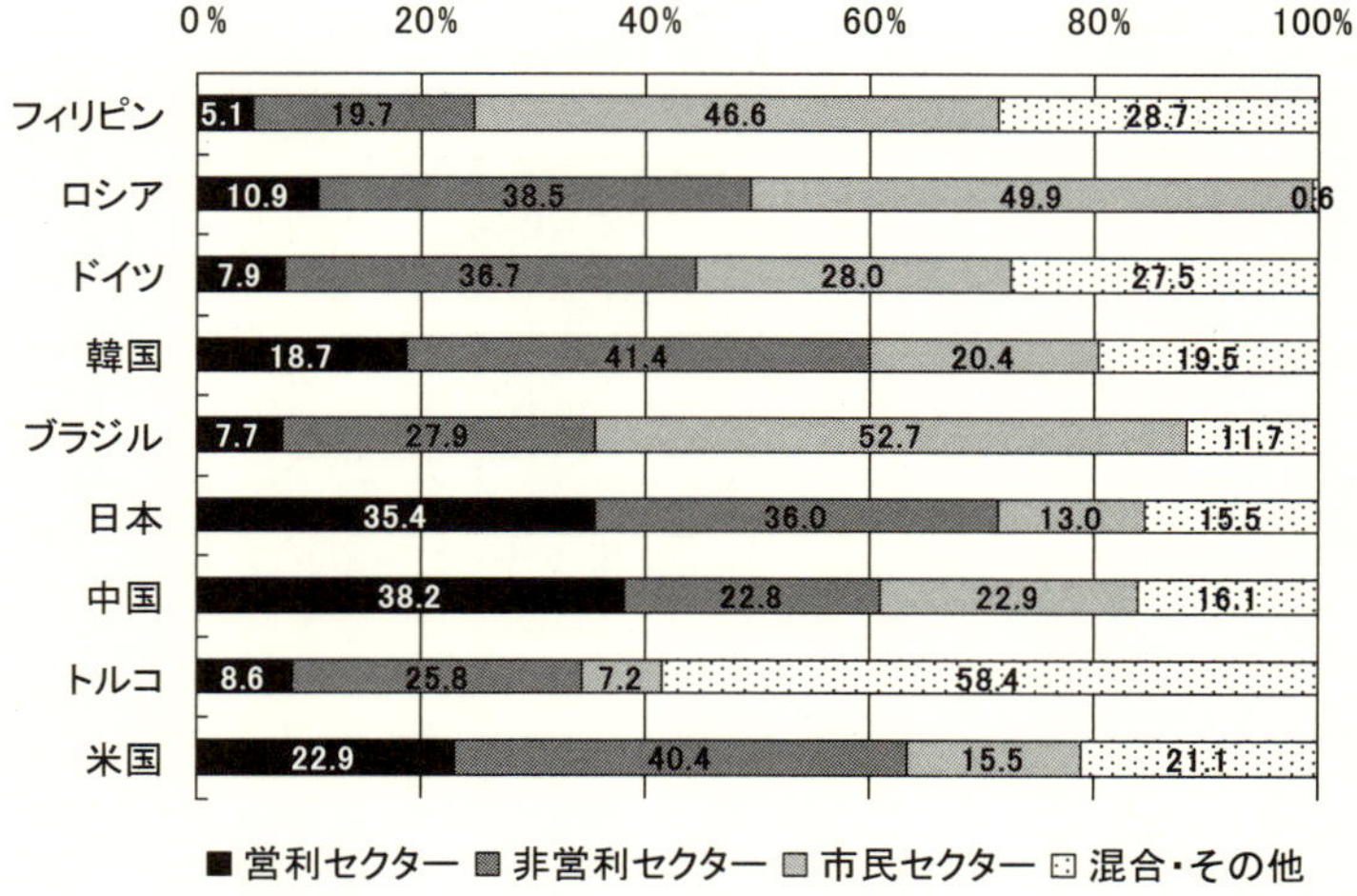

図5　国別団体分類の分布（首都）

ター、市民セクター、その他という四分野の大分類で観察してみよう（**図5** Tsujinaka et al. 2007）。

営利セクターは、営利企業そのものではない。経済的な利益と関連が深い農林水産業、産業の業界団体、労働組合、経済団体であり、非営利セクターは、専門家、教育、研究、福祉、医療、行政関連といった専門的サービスに関連する団体であり、市民セクターは、政治、市民、宗教、スポーツ・趣味などの個々の市民が個人として参加する団体であり、その他は、その他と自ら選んだ団体や先の三つのセクターに収まらない種類の団体である＊。

＊　ただし中国だけが調査時点から社団に対象を限定し、中国固有の社団分類である業界性、専門性、学術性、連合性(federation)の四分類をとった。本稿では、それぞれを営利、非営利、市民、その他に対応させたが、注意が必要である。

この四大分類では調査対象九カ国の中で日本は営利セクターの団体が中国とともに多く、非営利セクターはやや多い方、そして市民セクターはトルコに次いで小さいことになる。

もう一つ、今度は別の資料、すべての従業者のいる事業所を対象とした事業所統計に基づいて構成を確認しておこう。事業所統計には団体に関する分類項目があり、日本だけでなくアメリカ、韓国と比較することができる（**図6**）。この図には一九八〇年代初めと二〇〇〇年代初めの三カ国団体の事業所と従業者の密度が示してある。国によって分類項目が少しずつ違うので厳密なことは言えないが、全体として日韓米三カ国の団体密度が接近していること、構成の点で、一貫したアメリカの市民団体優位、韓国の経済団体優位から「その他」の団体へのシフト、と対比して、日本は一貫した経済団体と「その他」の

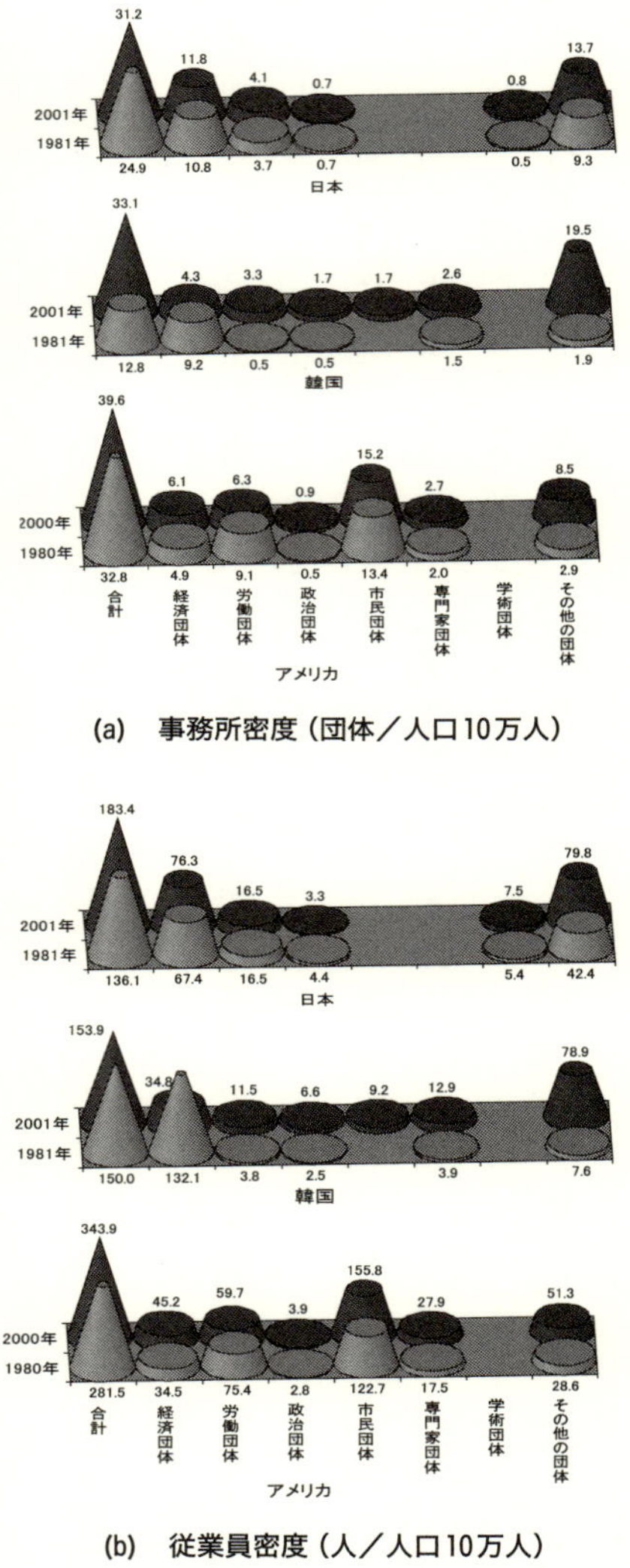

図6　日本・韓国・アメリカの団体事業所・団体従業者の密度

団体の優位が理解できるだろう（辻中・廉編二〇〇四）。

最後に、広範な市民社会組織調査であるＪＩＧＳ２での社会団体調査分類を確認しておく（表1）。この設問では団体自身に分類項目を選択させている（Ｑ７）が、全国では経済・業界団体二五・七％、農林水産業団体一七・八％、福祉団体七・六％、労働団体七・五％、専門家団体五・五％、行政関係団体五・四％、市民団体四・五％、教育団体三・六％、趣味・スポーツ団体二・九％、政治団体二・一％、宗教団体〇・九％、その他一二・七％となっている。ここでも社会団体の、営利・産業系への比重は高い。

このようにＪＩＧＳ１の世界比較調査からもＪＩＧＳ２の全国レベル調査でも日本の営利セクターの

優位は確認され、三カ国事業所統計でも同じ傾向を確認した。日本は、市民社会組織世界の「発展志向型」性格を明確に示している。

表2に示す「働きかけの対象としての有効性」は、JIGS1比較調査での結果である。団体の主張を通したり、権利、意見、利益を守るために、どれに働きかけるのがいいと思っているか、という設問である。ここでも韓国、中国に次いで日本の団体が、行政を挙げる割合（絶対比率）が多い。

このように全体として見れば営利セクター、経済や産業関連の諸団体が多いのが日本の特徴である。そうした団体はこれまで管轄の行政部門と密接な関係を持ち、協力協調しながら日本の産業発展に尽くし、また自らの部門への利益を誘導してきたのである。

さて最後にこのような特徴を持つ日本の社会

表1　国別団体分布（首都、構成比％）

区　分	日本[1]	韓国	アメリカ	ドイツ	トルコ[2]	ロシア[2]	フィリピン
農林水産業団体	5.9 (17.8)	4.6	1.3	0.5	0.4	1.3	1.1
経済団体	27.7 (25.7)	9.3	13.9	5.5	1.0	5.2	4.0
労働団体	5.9 (7.5)	4.6	3.6	1.1	3.0	8.4	1.0
教育団体	5.8 (3.6)	7.2	13.8	10.2	11.7	27.3	5.6
行政関係団体	5.5 (5.4)	4.6	1.9	−	0.5	23.8	1.7
福祉団体	5.8 (7.6)	16.3	12.8	15.1	26.9	25.2	7.3
専門家団体	6.6 (5.5)	12.2	14.0	10.2	10.3	10.0	5.4
政治団体	1.4 (2.1)	2.2	3.9	4.0	1.0	2.4	1.0
市民団体	4.3 (4.5)	10.0	2.0	−	3.6	12.7	−
宗教団体	0.5 (0.9)	11.1	5.3	−	3.9	0.7	15.1
その他[3]	30.6 (19.4)	18.0	27.6	53.5	49.1	−	57.3
N	1,819 (15,462)	460	1,431	817	841	711	999

（注）1. 日本は、2006-7のJIGS2のデータ。また、(　) 内は全国の値。各国の調査年は図2参照のこと。
2. トルコとロシアは、複数回答であるため、合計は100％にならない。
3. 「その他」の場合、ドイツは「スポーツ・趣味団体」(28.0％)、フィリピンは「People's Organization」(26.3％)を含む。トルコでは比率を算定していないが「同郷相互扶助団体」を多数含む。

表2　働きかけの対象としての有効性（首都、構成比%）[1]

区　　分	立法府[2]・議会	行政府	司法府・裁判所
日本	14.8	36.1	6.3
韓国	14.8	58.6	3.7
アメリカ	40.1	16.5	4.9
ドイツ	9.0	15.4	8.0
中国	13.5	45.2	6.2
トルコ[3]	11.9	30.1	57.4
ロシア	9.4	9.7	10.1
フィリピン	14.9	38.6	6.5

（注）1. 構成比（%）は、第一位の占める割合である。
　　2. 中国での立法府は、「人民代表大会」を指す。
　　3. トルコは、有効性の有無の回答形式で、複数回答である。

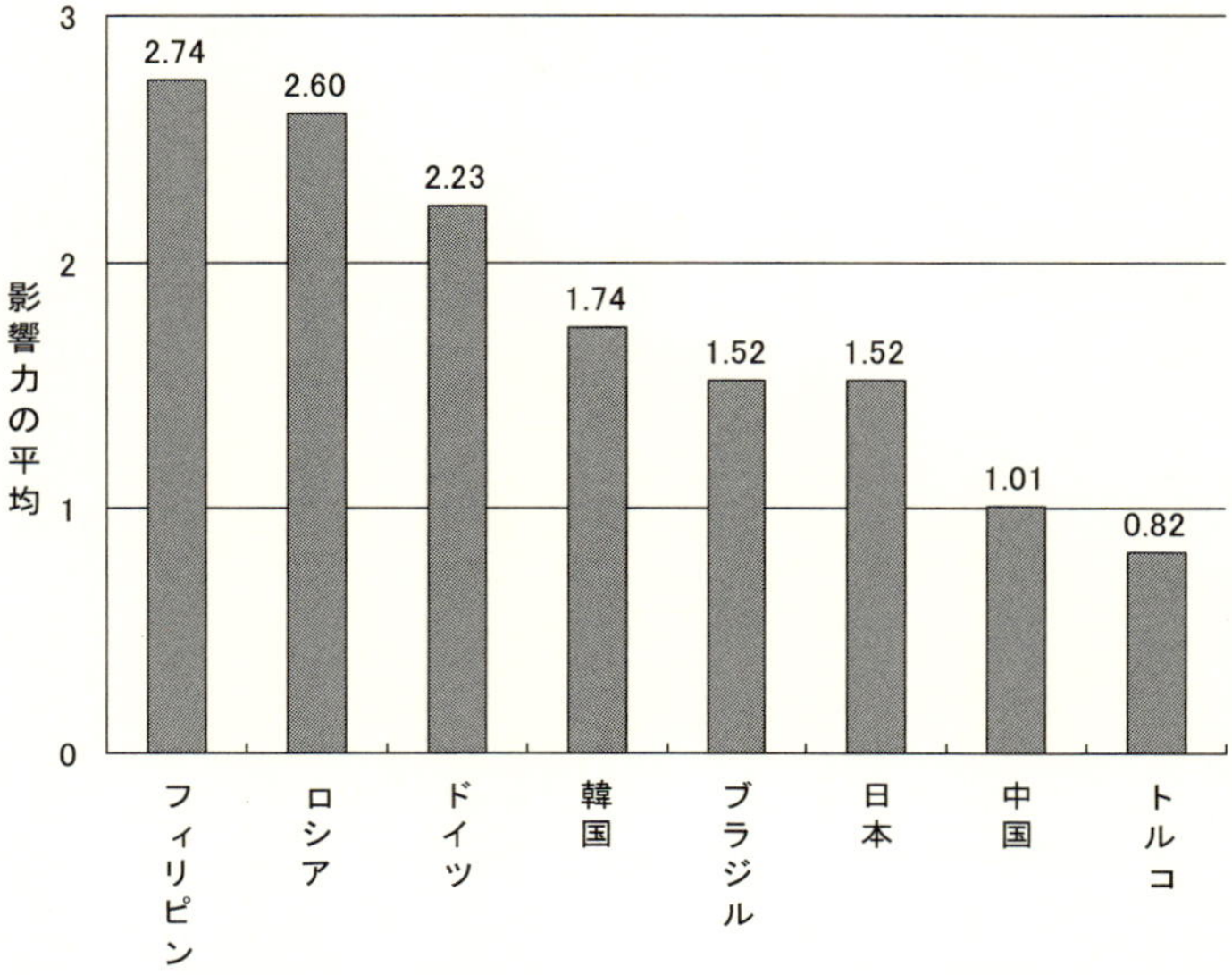

図7　8カ国での団体影響力の平均

団体は自分たちの力、つまり政策への影響力をどのように考えているのだろうか。

　まずＪＩＧＳ１比較調査での結果、電話のある社会団体での比較結果を見てみよう。この設問は「あなたの団体が活動対象とする地理的範囲」の「地域でなにか政策課題が生じたとき、あなたの団体はどの程度影響力をお持ちでしょうか」という設問である。

　各国の政治体制の歴史、社会の発展、政党などのシステム、すべて異なるときに比較するのは乱暴に過ぎるが、ともかく、ざっと見たのが**図7**である。日本は比較してみた八カ国中、六位であり、高くない。

　図8は先の図5で見た四つの大分類とこの影響力評価の関係である。興味深いことに、市民セクター

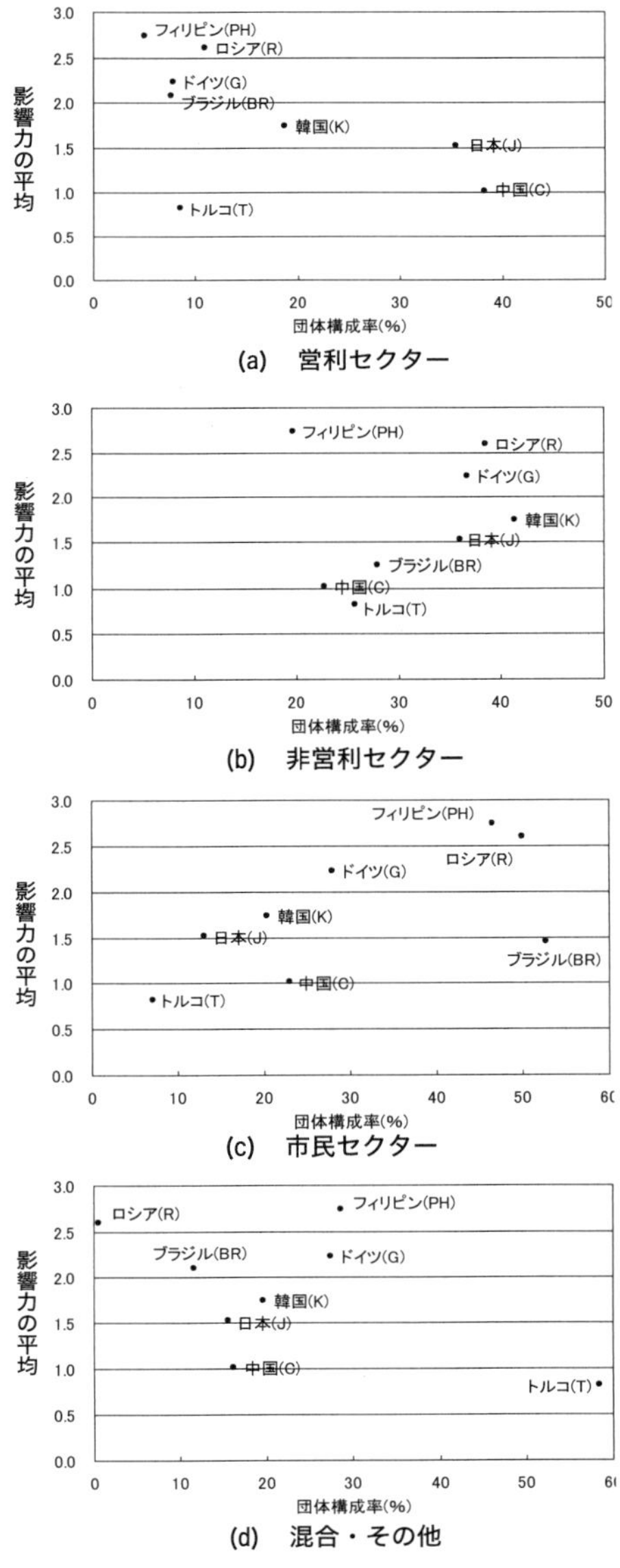

図8　市民セクターと団体影響力

の構成割合の高い国で平均した団体の影響力が高いという結果がでている。逆に日本や中国のように営利セクターの団体が多い国では影響力平均が低いという関係にある。このことは市民セクターの影響力自体が高いことを意味するわけではなく、現に相対的には高くない。にもかかわらず現象的に市民セクターの比重の高い国は影響力をすべての団体を合算した場合高いのである。影響力評価は、何らかの主観的にではあるが市民社会の活力を示している可能性がある。

五　結び——日本の可能性

なるべく比較につとめつつ、日本の市民社会組織の姿、設立、志向、影響力などを見てきた。これまでの分析では、日本の市民社会は世界で生じているアソシエーション革命を経験せず、相変わらず経済発展を志向する営利セクターがらみの団体が多く、行政との関係に執着し、そして力も弱いというように見えるだろう。

それも確かに日本の一面である。しかしもう少し丁寧にデータを読み、現実に接近するとやや異なる姿が見えてくるのである。この作業はまた始まったばかりであるが、その一端を紹介する。

まず、日本でも「アソシエーション革命」は生じているのではないか、という仮説である。先に見たのは、東京（JIGS1各国首都）だけであったり、日本全国であったり（JIGS2）して、日本の多様性を捉え切れていない可能性がある。例えば四七都道府県を仔細に見れば、団体の設立でも異なる姿が見える。

具体的に兵庫県と新潟県を見てみよう（図9）。

図に見られるように、明らかに一九九八年のＮＰＯ法以降、もしくは九五年の阪神・淡路大震災など大きな災害を契機にＮＰＯだけでなく様々な市民社会組織が活性化したことを図は示唆している。兵庫県、新潟県だけでなく、同じかやや低い峰ではあるが、埼玉、秋田、岩手、宮城、栃木、千葉、新潟、富山、石川、福井、岐阜、三重などに一九九〇年代後半以降に団体の設立の峰を見出すことができるのである。日本は地域レベルで「アソシエーション革命」が現に生じた可能性がある。

次に注目したいのは、日本における「草の根」組織の深さと広がりである。ＪＩＧＳ２調査に基づいて自治会、社会団体の設立年を調べていくと、明治以前に設立年を答えた団体は一％未満とはいえ、自らの「起源（アイデンティティ）」をはるか近中世に持つ自治会＊、社会団体＊＊が散見される。確かに四万におよぶ回答を得ている調査であるので、数十件のそうした団体が含まれていても不思議はないかもしれない。しかし戦前には自治会等の二割（〜一九四四：一七・二％、〜一九四五：二〇・〇％）、社会団体の五％（〜一九四四：四．九％、〜一九四五：五．四％）、ＮＰＯの〇・四％が設立されており、日本の市民社会組織の起源は当事者の意識の上でも古く、また深い可能性がある。

＊　一一八三年が二団体、一二五〇、一三〇〇、一三七二、一四二一、一五〇〇（二団体）、一五三九、一五六〇、一六〇〇年三団体など明治より前を答えた五三団体。

＊＊　一二〇〇年、一三七〇年、一四五〇年、一四六七年、一五〇〇年、一五七三年、一六〇〇年など一五件が明治より前を回答。

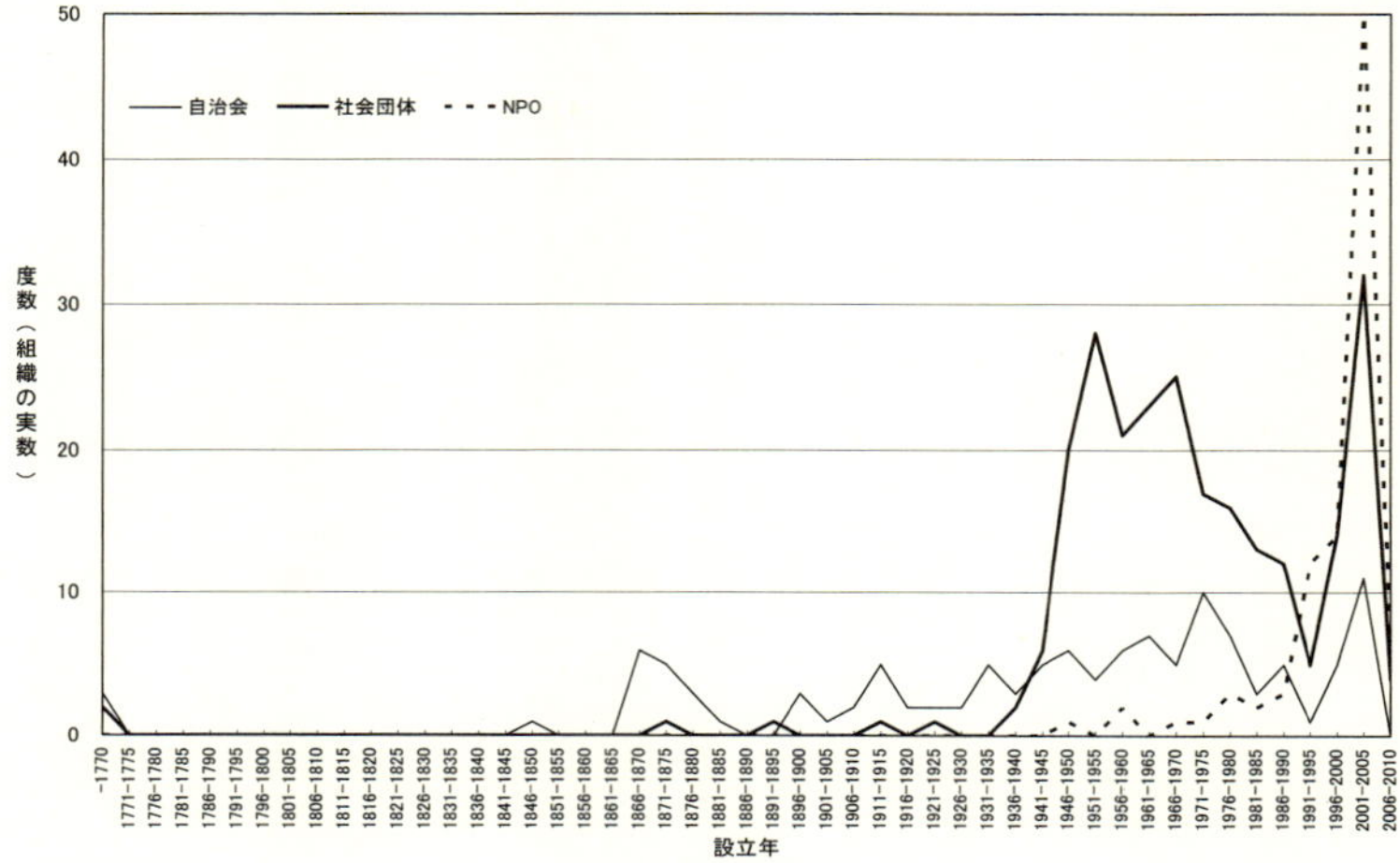

(a) 兵庫県

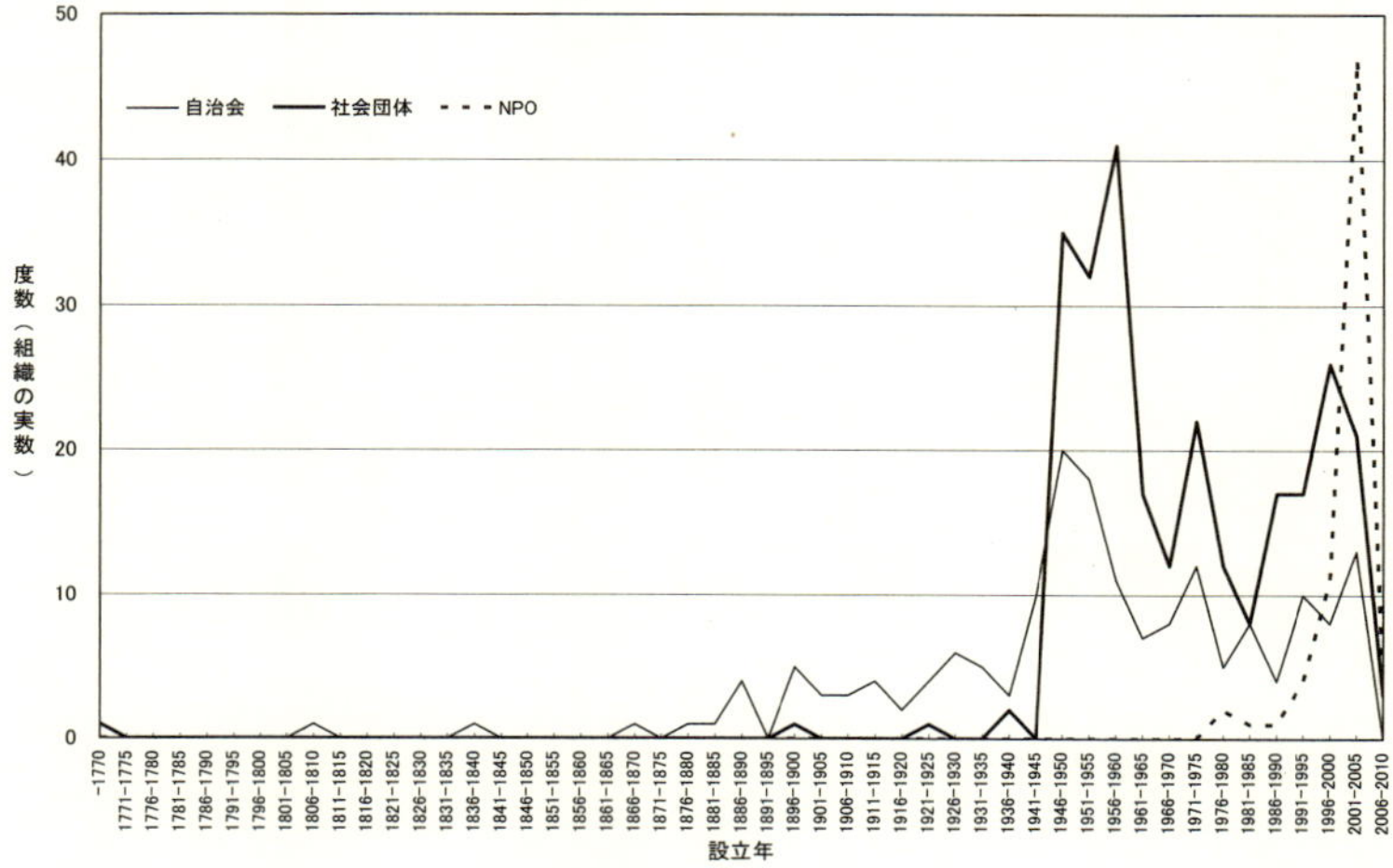

(b) 新潟県

図9　兵庫県・新潟県における団体の設立

(注)「-1770」は、1770年までの設立数の合計である。

最後に影響力である（**図10**）。先に見たのは市民社会の組織のうち、社会団体、つまり電話のある団体だけであった。ＪＩＧＳ２調査では自治会とＮＰＯも調査している。

ＪＩＧＳ２調査では、日本の市民社会組織としてこれまで正面から取り上げられなかった三〇万自治会組織の一割を調査し二万近くの回答を得た。ここでは詳細に分析する余裕はないが、大きな発見の一つは、自治会の政策活動の積極性、活発性、高い満足と信頼の度合い、そして高い影響力であった。自己の影響力を「ある程度」以上であるとするものの割合は、自治会では六七・八％、社会団体では五二・三％、ＮＰＯでは四一・一％である。また、前節と同様に、「ある程度」を除いて、相対的に強い影響力（「ある」「多少ある」、又は「非常に強い」「かなり強い」）を持っていると自己評価している割合は、自治会が四二・六％、社会団体が一五・七％、ＮＰＯが一二・九％である。三レベルでの（ある程度以上）影響力

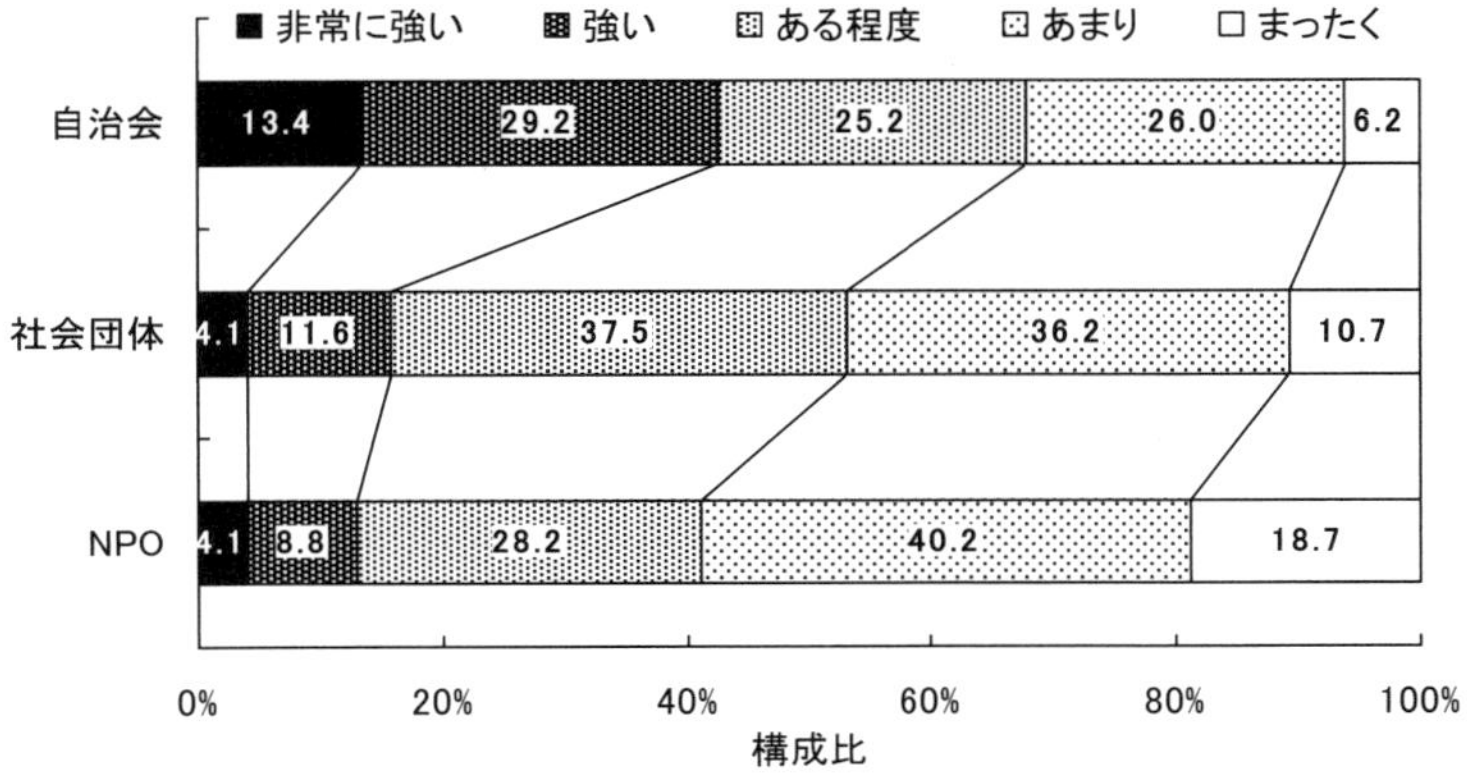

図10　自治会、社会団体、NPOの影響力の主観的な影響力（市町村レベル）

の大きな差は見られないが、相対的に影響力が強いと自己評価しているのは、明らかに自治会である。

多元的な市民が市民の間での公共性のために協働する相互性のある集団社会として、市民社会組織の日本での有り様を比較的に検討してきた。確かに日本の市民社会のこれまでの主たる構造や機能は経済発展志向型であっただろう。またその陰にあって、住民の自治組織は見えにくいものであった。しかし、この草の根の組織は予想を上回る深さと広がりを有している。単なる保守的な草の根組織、自治体の下請け社会サービス組織というに範疇を越えた存在なのである。確かに日本の市民社会の課題は「アドボカシーなき」団体と呼ばれ、二重構造であるとペッカネン（二〇〇八）が言うところのものであることは間違いない。専門性や財政的基礎（税、寄付の優遇措置による）の強化が言うまでもなく重要である。他方で日本の市民社会は、地方で草の根でしっかり基礎を持っているのであり、その可能性は十分根拠のあるものと言えるだろう。そうした草の根がいったん何らかの契機に主体的にアドボカシーを表現し、他の市民社会組織と連携し始めるとき、日本の市民社会はより多元的な共生に開かれたものとなるであろう。そしてそれはすでに兵庫県など日本のあちこちで始まっていることなのである。

参考文献

辻中豊編（二〇〇二）、『現代日本の市民社会・利益団体』木鐸社。

辻中豊・廉載鎬編（二〇〇四）、『現代韓国の市民社会・利益団体』木鐸社。

辻中豊・崔宰栄・山本英弘・三輪博樹・大友貴史（二〇〇七）、「日本の市民社会構造と政治参加：自治会、社会団体、NPOの全体像とその政治関与」『レヴァイアサン』四一号。

ロバート・ペッカネン（二〇〇八）、『日本における市民社

会の二重構造』(佐々木博教訳) 木鐸社。
山口定(二〇〇四)、『市民社会論―歴史的遺産と新展開』有斐閣。
Tsujinaka, Yutaka, (2003), "From Developmentalism to Maturity: Japan's Civil Society Organizations in a Comparative Perspective," in Frank Schwartz/ Susan Pharr (eds.). *The State of Civil Society in Japan*, Cambridge University Press : 83-115.
Tsujinaka, Yutaka, Jae-Young Choe, Takafumi Ohtomo, and Hiroki Miwa (2007), "Explaining the Differences of Subjective Influence in Seven Countries: Comparing Japan, South Korea, Germany, China, Turkey, Russia, and the Philippines in JIGS First Round Survey," Paper presentated at the annual meeting of the Association for Asian Studies, Boston, Mass., USA, March 22-25.

第10章　中央アジアの住民社会組織から見た持続性と多元的共生の可能性
――ウズベキスタンのマハッラ近隣コミュニティの事例から*

ティムール・ダダバエフ

はじめに

中央アジアは、一九世紀後半に帝政ロシアの植民地とされた後、一九一七年のロシア革命を契機として政治と社会、文化のあらゆる領域で社会主義化を経験した。そこでは約七〇年にわたるソ連時代を通して、現代世界でも類を見ないほどの大規模な変革が進行した。そして、一九九一年のソ連解体後、新しい独立国家として国際社会に参入した。この新生の中央アジア諸国は、政治と経済の大転換をめざすとともに、国家と社会の安定をはかる努力を続けている。このように中央アジア社会は、その近現代史の中で大きな変容を相次いで経験してきたが、その中にあって社会の独自性はさまざまな面で保持されてきたことも見逃すことはできない。とりわけ中央アジア南部のオアシス地域では、マハッラとよばれる近隣コミュニティが旺盛な持続力を発揮し、政治・経済的な変動にもかかわらず、地域の人々の安全と生活を支える基本的な社会組織として機能してきた。ソ連から独立した現在、このマハッラは転換期の中央アジア諸国における持続的な社会発展と多元的共生を支える組織、あるいは市民社会の基盤として注目されている。

＊　本稿では、東京大学の助成研究「人間地球圏の存続を求める国際協力（Alliance for Global Sustainability, AGS）」（二〇〇五〜二〇〇七年。代表者　小松久男東京大学教授）で実施された調査の結果を活用している。

一　マハッラとは何か

マハッラとはアラビア語で都市の住宅地域に見られた街区あるいはいくつかの街区を合わせた行政単位を意味し、いわゆるイスラーム世界の伝統的な都市には広く見られる。八世紀以降、徐々にイスラーム化の進んだ中央アジアでも、この語は都市の街区や農村地域の地区などの意味で用いられてきた。マハッラは、都市社会のもっとも基本的な単位であり、都市の住戸はいずれかのマハッラに所属しているのが普通であった。

中央アジア南部のオアシス地域では、個々の住宅は高い粘土壁で囲まれたスペースに中庭を設け、その周りに住居空間を配置するのが一般的であり、これらの住宅を細い路地で結びながら、生活と行政の両面で近隣コミュニティとして機能してきたのがマハッラである。その主な機能は、相互扶助的な隣人ネットワークであり、住民は一つのモスクやパン焼釜を共有しながら、冠婚葬祭などの儀礼を共同で実施し、また必要に応じて労力を提供し合い（ハシャル）、用水路や貯水池の建設や維持、モスクのような共有の建物の維持、修復や道路の清掃にあたってきた。非金銭的な相互支援のしくみであったともいえる。住民の安全や治安の維持も、マハッラの重要な役割の一つであった。このようなマハッラに寄せる人々の帰属意識は濃密であり、ブハラ人やサマルカンド人という個々のオアシス都市への帰属意識と並んで重要なアイデンティティのよりどころであったと考えられている。

マハッラはまた政治権力が都市民を統治する時の基本的な行政単位でもあった。マハッラの長、アクサカル（直訳は「白い髭」）は、住民からの推挙を受けた後、都市の支配者の認証を受けて職務に就き、税の徴収や命令の伝達、治安の維持、住民間の紛争の調停、孤児や寡婦の後見などに責任を負うのが慣行であった。政治権力は頻繁に交代したが、中央アジアのオアシス都市社会の持続性を支えてきたのは、このマハッラであったといえよう。

マハッラの姿が大きく変ったのはソビエト時代のことである。マハッラがかつて持っていた社会的な役割は局限され、マハッラはもっぱらソビエト政権の目的に従う社会組織となった。一見すると、マハッラが古くから持っていた存在意義としくみは、ソビエト政権に破壊されたかのようである。じっさい、マハッラは封建的な遺制にしばられた古い社会組織、あるいは否定、除去されるべきイスラーム的な伝統の温床として批判されることもあった。しかし、こうした批判にもかかわらず、マハッラのモラルや教育的役割、イスラーム的な慣行、近隣コミュニティに基づいた人的ネットワークは、住民の努力によって非公式の形で保持されていた。

二　マハッラ住民間の交流・情報交換・助け合い

「非公式」で伝統的なマハッラにおける人々のつながりは近所付き合いに基づいたものであり、人々の生活の中で重要な役割を果たしてきた。その一つは、マハッラが人々の意識を統合させ、地域住民としての一つのアイデンティティを構築したことである。その際にマハッラ住民の交流や情報交換の「空間」（場）として機能するしくみとしては、「ガプ」（「ガシタク」）、「グザル」、そして「チャイハネ」が挙げられる*。

＊　本稿では、使用されるこれらの「ガプ」（「ガシタク」）、「グザル」、そして「チャイハネ」などの用語の中には、日本で使用される表記とウズベク語の発音との間に相違が生じているものがある。本書ではこれらを日本で通用している表記に統一している。たとえば、ウズベク語の「チョイホナ」、「ギャプ」などは、本稿では「チャイハネ」、「ガプ」に統一した。

「ガプ」とはウズベク語で「言葉」を意味し、一つのグループを構成する人々がお互いの家を訪問し、ごちそうになりながら世間話をすることである。ほとんどの場合「ガプ」は男女別に行われ、各グループには団長のような存在がいて、「仲間頭」（jo'ra boshi）と呼ばれる。「ガプ」のコストは、主催者のみの負担ではなく、各「ガプ」の終わり頃に、参加者の皆が少しずつ出し合い「ガプ」の主催者に手渡す。その額は主催者が用意したごちそうの額を上回り、参加者に「ガプ」への参加の関心を強化させる。しかし、お金は「ガプ」参加において二重的な要因であり、「ガプ」への参加によって作られる人間関係は非常に強く、参加者の団結をさらに強めることが人々にもっとも重視されることである。

マハッラにおける人々の情報交換・関係強化のための空間として「ガプ」以外に、「グザル」がある。歴史的に、「グザル」は、商店街などマハッラの住民に提供するサービスが集中する場所であった。「グザル」の重要な要素としては小さな市場があり、多くの場合、住民はバザル（大市場）まで足を運ばなくてもすべての日常品を手に入れることができた。また、「グザル」には人々が会い世間話をする小さな広場があった。近年のウズベキスタンでは「グザル」の建設が進められており、マハッラの伝統的な要素が政府の政策によって復活させられようとしている。

そのような「グザル」によく見られるのはマハッラの中心を構成する「チャイハネ」（喫茶店）である。その存在は中央アジアではよく知られており、既に述べた「ガプ」やマハッラ集会などで重要な役割を果たしてきた。「チャイハネ」は未だに人々が仕事の後や暇な時に寄り、同じ地域の人々と最新情報を語り合う場である。それに加え、「チャイハネ」は地域住民が結婚式や伝統的な祭礼の準備を行う所でもある。

以上に述べた情報交換やアイデンティティの強化の機能を果たすしくみ以外に、マハッラには助け合いの方法としてはいくつかの伝統的なしくみが用いられており、その一つはいわゆる「ハシャル」である。「ハシャル」は同じマハッラに住む人々がお互いに助け合い生活を成り立たせて行くことを意味する。「ハシャル」が行われるのは近所の人が家を建て直す、または新築する時である。同じ地域に住む人が土日を中心に集まり建設を手伝う。その代わり、手伝ってもらった住民は将来別の人が新しい家を建てることになった時に手伝わなければならない。ただし、労働で参加したくない、もしくは参加できない人は自分の代わりに人を雇って貢献することができる。

「ガプ」、「グザル」、「チャイハネ」、「ハシャル」はマハッラ住民が共有する価値観のシンボルであり、アイデンティティの源泉である。実際、同じ価値観を持っている、あるいは、持ちたい人でない限り、同じ地域に居住していても「ガプ」、「グザル」、「チャイハネ」、「ハシャル」には参加しないのが現状である。ただし、これらに参加しない人がマハッラの中で必ずしも孤立するわけではない。マハッラは地域内のコンセンサスと共存を意味するのであって、必ずしも意見の一致を必要とするわけではないからである。同時に、マハッラ地域内に居住し、マハッラの活動に参加しているにもかかわらず、自分たちがマハッラ・アイデンティティを共有していると認識しない住民もいる。そのような人々のマハッラ活動への参加の動機はあくまでも心理的安堵感や経済的利便性にあり、マハッラとの価値観の共有ではない。つまり、人々は、マハッラやそこに根付いてきた伝統・習慣を通して、自分たちの生活を持続させるとともに多元性を確保しながら共生してきたと考えられる。

三　マハッラと国家の関係

ソ連邦の末期、ペレストロイカの時代に入ると、しだいにマハッラの機能やそれが体現する価値観の再検討が行われるようになった。その結果、マハッラはいわば社会への復帰を果たし、ソ連からの独立はこれにさらなる弾みを与えた。最初に注目されたのは、民族的あるいはイスラーム的な価値観が生き続ける場としてのマハッラであり、その復興は大統領や政府のみならず、民族主義的知識人によっても支持された。マハッラはそれ自体がウズベク文化の独自性の現れであり、ソ連時代の抑圧にも耐えた、守るべき伝統だったからである。しかし、やがて政府はマハッラがウズベク人の社会文化的な伝統であることよりもむしろ、それが民族間対話を促し、社会を安定させる側面を強調し始めた。その狙いは、独立直後の社会に見られた民族間関係の緊張や生活水準の低迷、人々の不満や不安をマハッラという伝統的なしくみを通して緩和・安定させることにあった。そのため、政府は非公式なコミュニティであったマハッラを組織化し、各マハッラに運営委員会や一定の予算、人材、任務を与えるようになった。そして、国の経済状況の悪化と政治環境の緊迫化、とりわけイスラーム過激派の出現によってマハッラの任務は増え続け、最終的にマハッラは非公式な隣人ネットワークから「公式」の社会単位となったのである。**図1**は、

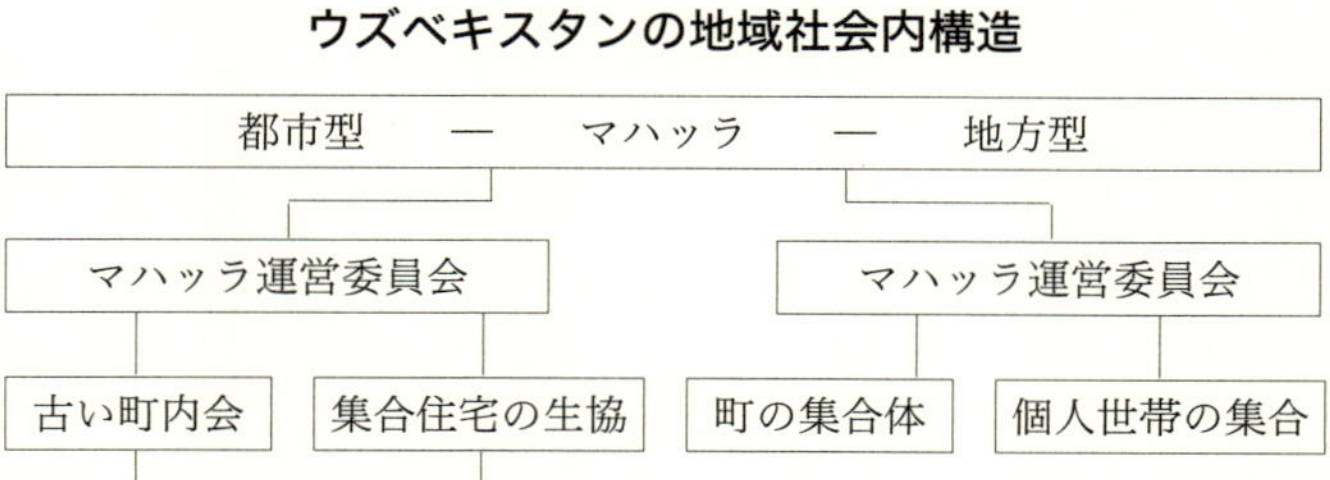

図1　都市型と地方型のマハッラ

現代のマハッラの構造を示したものである。

このようなマハッラの公式化のプロセスは、次の三つの段階に整理することができる。

第一段階　政府によるマハッラの認知　独立直後の一九九二年九月、大統領令によってウズベキスタン・マハッラ博愛財団が設立されたように、政府は伝統的な相互扶助組織としてのマハッラを公式に認知し、とくにそれが持つ社会的弱者に対する支援機能の強化に着手した。

第二段階　マハッラの治安・警備機能の強化　イスラーム過激派の出現やテロ活動に対して地域社会の治安を強化するために、一九九九年マハッラ・ボスポニ（自警団）が設立された。

第三段階　自治行政組織としてのマハッラの機能強化　政府は二〇〇三年を「マハッラの年」と定め、以来その複合的な機能の強化を進めている。

四　マハッラの役割とその変化

現代のマハッラの特徴としては、それが独立して存在するわけではなく、むしろ、他の政治・経済・社会・文化的な組織やしくみと密接に関連しながらウズベキスタン社会を構成していることが挙げられる。マハッラへの帰属意識も、程度の差はもちろんあるものの、多くの人々のサブ・アイデンティティを形成しており、国家や民族、地域、宗教などを単位とする他の主要なアイデンティティと矛盾することなく共存している。しかも、近年、ウズベキスタン社会の構造的変容に伴い、マハッラもその役割を少しずつ変化させている。

第一に、マハッラ運営委員会からの経済的支援（給付金や食料の提供など）は、人々がマハッラの存在意義を認め、支持する上で重要な要因であるだけではない。それは、地域共同体内における経済的な相互扶助を促進し、結果としてウズベキスタン社会の安定に少なからず寄与している。マハッラによる支援のしくみは、**図2**のように示すことができる。

第二に、モスクは今もマハッラの重要な要素だが、かつてマハッラ住民がモスクを中心に生活を送っていたとすれば、現在はモスクがマハッラに依存する場面が少なくない。マハッラからモスクへの支援、政府によるモスク登録時のマハッラの推薦・支持などは、モスクの存立にとって不可欠だ

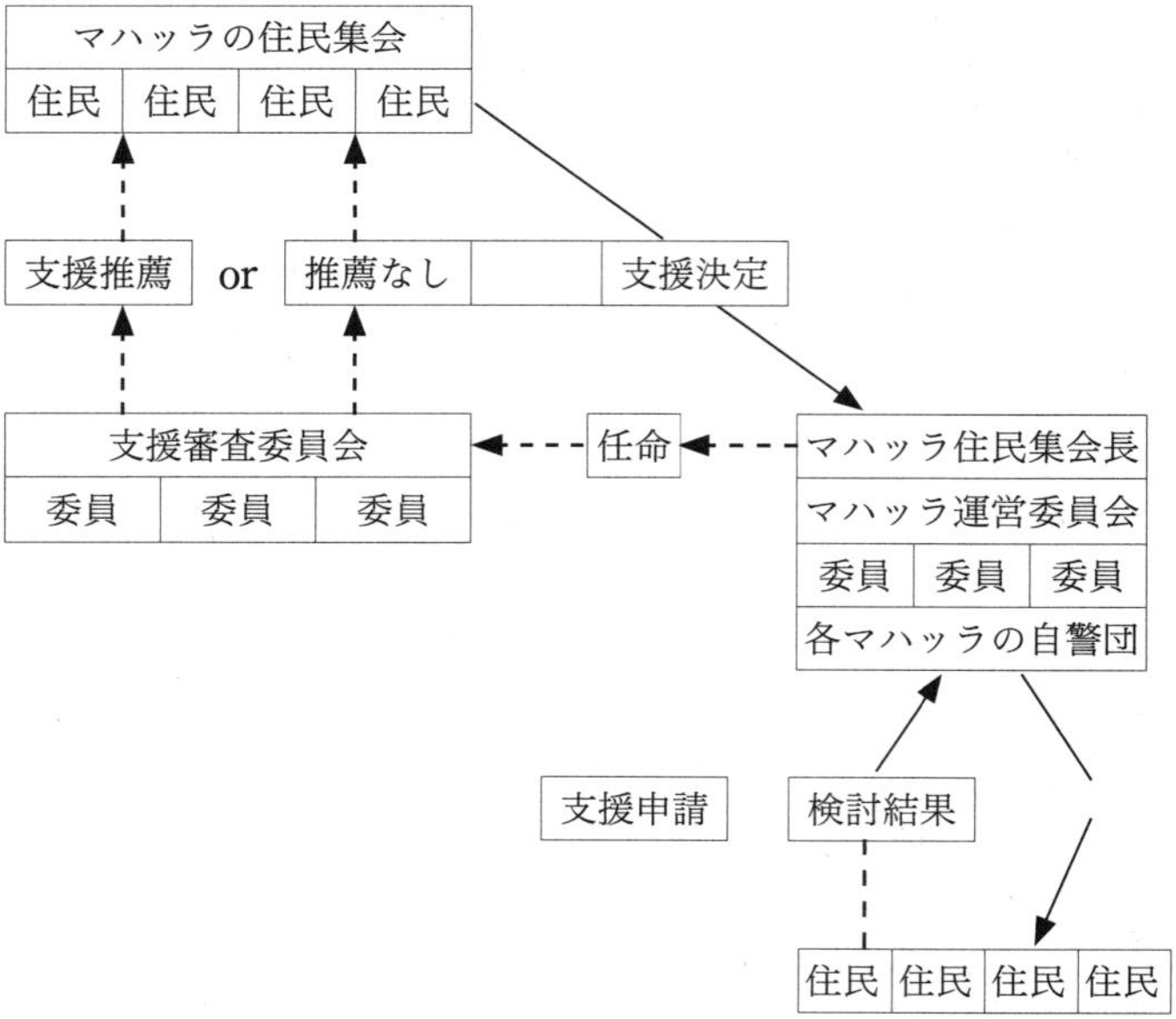

図2　マハッラの支援提供制度

からである。各マハッラに専用のモスクがあるのが普通だが、複数のマハッラが一つのモスクを共同で使うこともある。

第三に、独立後の社会経済システムの変容は、マハッラの経営にも大きな影響を与えている。とくに、政府は農業生産をより効率的に行うために、ソ連時代の非効率的なコルホーズやソフホーズを解散させ、新たな大型・中小規模の農業組織の導入を進めている。その結果、これまでマハッラが依存してきた国営農業組織が消滅し、マハッラは新たな財源とパートナーを探さなければならなくなっている。新たに作られた中小規模のフェルメル・デフカン農園はマハッラとパートナーシップを築いているものの、こうした農業組織からマハッラへの支援は限られている。

そして第四に、マハッラの代表者にも変化が現れている。伝統的なマハッラでは複数の長老が存在し、彼らがマハッラの様々な問題に取り組んできた。現代のマハッラでは、マハッラ代表の姿もその役割も多様である。代表には人生経験が豊かな年配者のみならず、若い世代や女性からも代表が選ばれ始めている。これは、財源とキャパシティが限られているマハッラのしくみに新たなダイナミズムと活力をもたらしている。しかし、リーダシップの交替だけでは、以下のように現代のマハッラが抱える多様な課題を解決できないことも明らかである。

五　マハッラの課題――結びに代えて

以上のように、現在ウズベキスタンではマハッラの「公式化」が着実に進んでいる。これを推進する政府の狙いは、行政機能の不足を補うためにマハッラを組織化し、さまざまな課題を住民レベルで解決することである。また、住民の努力に依存することによって政府の出費を抑え、少ない予算でより多くの成果を生み出すことを意図している。政府の論理に従えば、住民も得ることが多いということになる。また、治安の安定化においてもマハッラの役割は大きく、政府はこの分野でもマハッラに期待している。しかし、このようなマハッラの「公式化」「組織化」政策には、いくつかの問題が存在する。

第一に、マハッラと国家の関係が不透明である。マハッラがソ連時代を生き延び、その伝統的な機能を保持することができたのは、マハッラが政府とある程度距離をおき、住民の自発的参加で成り立っていたからである。現在、「公式化」されたマハッラはマハッラ運営委員会が運営機関となり、住民の権利を保証する住民自治組織である。しかし、マハッラ運営委員会の選挙、政策決定、活動においては政府の介入が存在しており、マハッラ運営委員会は住民自治組織というよりは国家の請負機関であると誤解されることがあるのも事実である。マハッラ運営員会と政府・地方自治体の関係を明確化することが求められている。

第二に、マハッラ運営委員会の法的権利と自立が整備されたとはいえ、マハッラの財政的自立にはまだ至っていない。中でも、マハッラ運営委員会の予算は国家予算から支出されることから、マハッラ運営委員会は政府の介入を阻止することができない。その上、マハッラが国家予算から支給されている財源とマハッラが達成するように要求されている任務との間には明らかな差がある。ここで重要な点は、そもそもマハッラはあらゆる問題を解決できるようなしくみではないことである。また、政府・自治体は選挙などさまざまな分野でマハッラ運営委員会に対して指導を行っている。このような状態が続くならば、住民のマハッラ運営委員会、ひいてはマハッラに対する考え方に悪影響を与えるだろう。

第三に、マハッラに対する住民の見方には相違が存在する。住民のマハッラに示す姿勢や参加の仕方は決して一様ではない。マハッラのしくみはその選択権を住民に与えてきた。古くから、マハッラへの参加が自分の利益につながる、あるいはマハッラが自分のサブ・アイデンティティの一部だと考えた人はマハッラに積極的に参加したが、そうでない人には参加しない自由があった。しかし、政府によるマハッラの「公式化」と「組織化」が進むと、マハッラの決定はすべての住民の生活に関わるようになり、マハッラに参加するか否か、また、その参加の程度について住民の選択権がなくなるおそれがある。とくに、近年マハッラ運営委員会が福祉事業やさまざまな監査機能を担うようになると、マハッラ運営委員会と行政機関との差はあまり感じられなくなった。多くのマハッラ住民は、そのような「公式化」政策が古くから自発性に基づいていたマハッラのイメージを悪化させる可能性を指摘している。

このような課題がある以上、マハッラの将来を予測することは容易ではない。しかし、現在のマハッラ運営委員会の機能がどのように変化するにせよ、近隣住民の付き合いと非公式な人的ネットワークに基づいた相互支援は、現代化の影響を受けることはあれ、将来も消え去ることはないと思われる。人々の隣人関係で成り立つマハッラのもたらす一体感は、歴史的にその形を変えつつも維持されてきたのであり、これからも存在し続けるにちがいない。

参考文献

小松久男（一九七八）、「ブハラのマハッラに関するノート——O・A・スーハレワのフィールド・ワークから」『アジア・アフリカ言語文化研究』16号、一七九—二一五頁。

小松久男他編（二〇〇五）、『中央ユーラシアを知る事典』平凡社。

ティムール・ダダバエフ（二〇〇六）、『マハッラの実像——中央アジア社会の伝統と変容』東京大学出版会。

——（二〇〇八）、『社会主義後のウズベキスタン——変わる国と揺れる人々の心』アジア経済研究所（アジアを見る眼一一〇）。

第11章　トルコの市民社会から見た多元的共生社会

平井由貴子

一　トルコの市民社会――これまでの状況と最近の変化

トルコの市民社会は近年加速度的にその数を増加させている。**図1**はトルコの団体調査によって得られた各団体の設立年をグラフ化したもので、現在活動を行っている団体がいつ頃設立されたのかを示している。これを見ると、一九八〇年以降、特に一九九〇年代から急速に団体の設立が増加したことが分かる。トルコでは一九六〇年から一九八〇年の間に軍事介入が合計三回行われている。軍事介入が行われると多くの団体に活動停止や解散命令が下されるので、現在活動を行っている団体の多くが一九八〇年以降に設立されているのには、軍事介入の影響が考えられるが、それにしても一九九〇年以降の団体設立の増加は目覚しい*。

＊　トルコの市民社会の概要に関して、詳しくは平井由貴子・辻中豊「トルコにおける市民社会の構造・用件調査に見

るトルコ市民社会組織の概要と行動力」『論叢現代文化・公共政策』Vol.5、二〇〇七年を参照。

しかしこの量的な増加は、質的な変化、つまり国家と社会の関係の変化には繋がっていないことが指摘されている。市民社会の発展が特に民主化移行国で注目される背景には、それによって社会に存在する様々な利益や主張が国の政策に反映されるきっかけが増え、結果として民主化が促進すると期待されることがあるだろう。しかしトルコはそもそも一九二三年の共和国建国以来、国家の役割をその統一性の維持や治安の確保といったことに集中させ、十分な社会サービスを国民に対して提供してこなかった。社会とは、国に管理され、指導されるものであるという考えが強く、しばしば国家と社会・国民の関係は「父と子」の関係にたとえられる。さらに、経路依存性(Path Dependence)という言葉もあるように、このような「強い国家」が必要だという考え方は現在も国家エリートの間に根付いているだけでなく、現行の憲法や法律もそういった考え方に基づいて制定されている。市民社会は

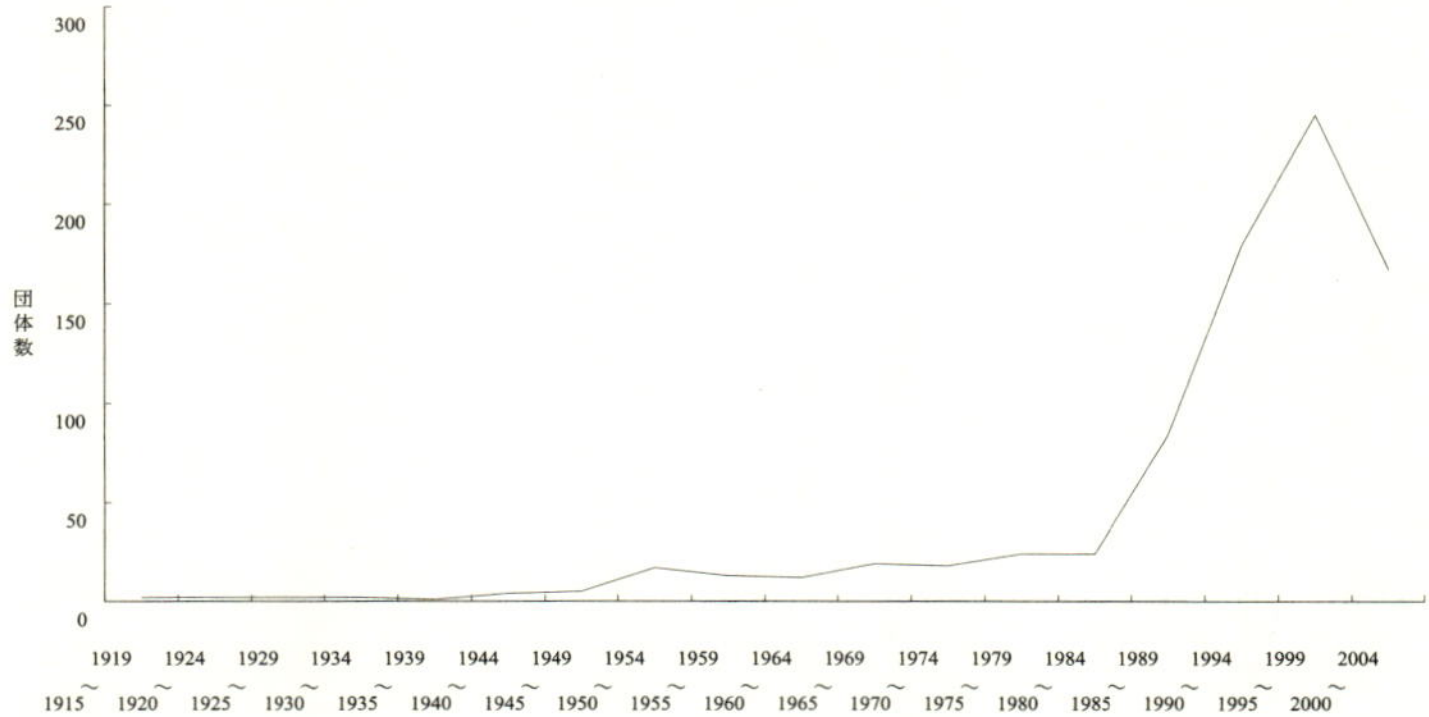

図1　設立年分布グラフ（5年間隔）

伝統的に国家の政策決定からは排除された存在であり、近年の市民社会組織の増加に伴ってこの傾向に大きな変化が見られたとはいえないのである。行政機関や各政党、議会は市民社会組織から専門的な意見を取り入れることはほとんどなく、市民社会組織側も政策に意見を反映させるような働きかけから満足な結果を得ることもない。

このような状況の中で量的には増加した団体はどのようにその利益や主張を政治に反映させようとしているのだろうか。自分たちは国家によって管理・指導されるものだとして、政治を放棄するのだろうか、それとも、どこかに違った形での活路を見出しているのだろうか。当然政治自体に興味がない団体も数多くあるだろう。しかし中には政治的な働きかけを行おうとする団体も存在する。そして彼らの味方になっているのが国家機関の一つに裁判所があげられるのである。

二　市民社会における裁判所の重要性

通常、市民社会を構成する団体が政治的な働きかけを行う場合、行政機関や政党が対象となると考えられる。つまり各省庁や各政党に団体の意見や主張を伝え、汲み取ってもらうことによって何らかの政治的な利益を得るという方法が一番効果的だし、それらの機関は実際に影響力があると考えられている。しかし前述したとおり、「強い国家」の伝統が残るトルコにおいては必ずしもそうではないようである。

表1は、各団体に対して、「あなたの団体の主張をとおしたり、権利、意見、利益を守るために、以下

のどの組織に影響力があると思いますか」と質問した回答を国際的に比較したものである。ほとんどの国の団体が立法府や行政府を影響力があると答えているのに対して、トルコだけが司法府、つまり裁判所を影響力があると答えている。

それではどのような形で裁判所が市民社会組織の利益のために機能しているのだろうか。ここで具体的な例を見ることによって市民社会における裁判所の機能を確認したい。具体例はトルコ第三の都市であるイズミール近郊のベルガマで生じた住民運動である。

ベルガマはエーゲ海沿岸に位置する人口一二万人の市で、紀元前三世紀に繁栄したペルガモン王国の中心地として栄えた。現在も同王国時代の遺跡が残る観光地でもある。このベルガマで、一九八九年八月にオーストラリアに本部を置くノルマンディー社が出資したユーロゴールド社（Eurogold Madencilik A.Ş.）が金の採掘権を得たことから問題が発生した。ユーロゴールド社による金の採掘は、当初は村人からも産業の発展や雇用の確保といった点から歓迎されたものであっ

表1　働きかけの対象としての有効性

	立法府・議会	行政府	司法府・裁判所	N
トルコ	11.9	30.1	57.4	841
日本	14.8	36.1	6.3	1,635
韓国	14.8	58.6	3.7	481
米国	40.1	16.5	4.9	1,500
ドイツ	9.0	15.4	8.0	797
中国	13.5	45.2	6.2	2,858
ロシア	9.4	9.7	10.1	711
フィリピン	14.9	38.6	6.5	

(注) トルコのみ各機関の有効性をある・なしで質問しており、複数回答となっている。
トルコ以外の各国の値は1位に選択されたものの％。
中国の立法府は「人民代表大会」を指す。

た。しかしそれが環境を破壊するものであることが分かると住民は団結し、国際的に活動をする環境NGO等と協力しながら、ユーロゴールド社に操業許可を出した環境省を相手に、その取り消しを求めて一九九四年一一月、イズミール行政裁判所に訴訟を起こした。ベルガマの住民は農業や酪農で生計を立てているため、自分たちの生活が自然に依存しているということをよく認識しており、特に金の生成過程で猛毒であるシアン化物が使用されることが分かると、環境破壊だけでなく、健康にも直接的に悪影響を及ぼすとして、反対運動が一気に高まったのである。

一九九六年七月、イズミール行政裁判所が原告である住民の主張を棄却すると、住民は行政最高裁判所に上訴した。一九九七年五月、行政最高裁判所は下級審の判決を覆し、イズミール行政裁判所へ差し戻した。シアン化物を使用するこのプロジェクトは環境及び人体への影響の点で問題があり、さらにそのような危険に対するユーロゴールド社の対策は不十分であること、その結果環境省による操業許可は公益とならないと判断されたのである。行政最高裁判所のこの判断を受け、イズミール行政裁判所は再審において環境省による許可を無効としたため、今度は環境省が行政最高裁判所に上訴したが、一九九八年四月、行政最高裁判所は下級審を支持した。

行政最高裁判所が環境省による操業許可を無効にした下級審を支持したので、ユーロゴールド社の金採掘は停止されるはずであった。しかし現実には、操業は継続され現在に至っている。これは、一九九九年三月、当時の首相の依頼により、国の研究機関であるトルコ科学技術研究所（Türkiye Bilimsel ve Teknolojik Araştırma Kurumu: TÜBİTAK）が調査を行い、作成した報告書が、操業が環境や人身に悪影響を及ぼすものではないというものであり、それをもとに環境省が操業継続の許可を出したからであった。

ここで重要なことは、行政最高裁判所においてベルガマ住民の望みどおりの判決が下されたということと、それにもかかわらずユーロゴールド社は金採掘操業を停止することはなかったということである。ベルガマ住民運動はユーロゴールド社が外国資本であったことを除けば、日本でも見られるような典型的な公害訴訟である。しかし、トルコでは行政府が裁判所の判決を無視した。これは憲法自体が三権分立を保障しているにもかかわらず、細部において司法府や立法府より行政府の影響力を強く規定していることによる。前述した「強い国家」の伝統がこのようなところに表れているといえるだろう。

結局ベルガマ住民は、本件を欧州人権裁判所へ提訴した。人権裁判所はトルコ政府の人権侵害を認め、一人当たり三、〇〇〇ユーロの損害賠償の支払いを命じた。しかし人権裁判所の判決は人権侵害の有無を明確にするが、本来ベルガマ住民が求めていたユーロゴールド社の操業停止を強制するものではない。人権裁判所での勝訴も住民を根本的に救うものではないのである。

三　ヨーロッパとトルコの市民社会

ベルガマの住民のように、政治に直接影響力を行使できなくても最終的に裁判所に訴えることによって何とか自らの利益を守ろうとする人たちがいる一方で、裁判所にすら訴えることができない人たちがトルコには存在する。その代表的な人たちが、全人口の一五〜二五パーセントを占めるといわれる、クルド系の国民である。

自らの権利や利益の保護を求めて裁判所に訴訟を提起する場合、少なくともその権利が認められる可能性があることが条件になる。例えば前節でみたベルガマ住民運動の場合、憲法で定められた生存権と、健康的でバランスの整った環境で生活をする権利が侵害されていることを主張して金の採掘を停止させることが目的である。しかしクルド系国民の場合、トルコ国内において「クルド人」としての権利は自明のものではない。トルコ憲法には、「主権は完全、無条件にトルコ国民に属する」、「トルコ国家の国土及び国民は分断されることなく、一体である。公用語はトルコ語である」とあり、クルド系国民が「クルド人」としてのアイデンティティを表明すると、それだけで憲法違反となる。さらに、「基本的人権と自由は、国家原則と国家の一体性、共和制、安全保障、公秩序……を保持する目的において法律によって制限されることがある」といった規定により、クルドの権利を前面に出した政党や団体を設立することも禁止される。つまりクルド系国民が求めるクルド語での放送・報道の権利やクルド語による教育等は、最初から認められていないのである。このような状況では、国内の裁判所にいくらクルド系国民の権利の保護を期待しても無駄となる。

そこでクルド系国民が見つけ出したのがヨーロッパを経由した権利の主張である。まず、トルコ政府による人権侵害を欧州人権裁判所に訴え出ることによって、トルコ国内にクルド系国民に対する人権問題が存在していること、それによってクルド系国民がどのような不都合に遭遇しているかを国外に広く知らせた。具体的には、クルド・アイデンティティをもとにして設立された政党が憲法裁判所の命令によって解党させられたことや、トルコ南東部のクルド系村落が国軍によって焼き討ちにあったことを人権裁判所に提訴した。特に村落の焼き討ちに関する裁判では、通常人権裁判所は国内の裁判所でまず人権侵害の救済を求めなければいけないところ、トルコ国内の裁判では効果的な救済が期待できないとして、直接人権裁判所への提訴が認められた。

さらにクルド系国民にとって好都合であったのがトルコのＥＵ加盟である。トルコは一九九九年にＥＵ加盟候補国の地位を獲得し、二〇〇五年には加盟交渉を開始した。候補国の加盟が決定されるには、コペンハーゲン・クライテリアと呼ばれる、ＥＵが定める民主主義の成熟度に関する基準を超えなければならない。さらにこの基準はＥＵが一方的に設定するものであり、「加盟を希望するなら基準を満たさなければならない」というように、ＥＵと加盟候補国の関係は主従的なものになる。トルコにとって厳しいこの関係は、クルド系国民にとっては都合がいいものであった。なぜなら、コペンハーゲン・クライテリアの中には少数民族の保護規定があり、クルド系国民が求めるクルド語での放送・報道の権利やクルド語による教育等はこれに当たるため、トルコは法律の改正を含む抜本的な改革を実施し、クルド・アイデンティティに基づいた権利の保護をせざるを得なくなったからである。

この結果、トルコ政府は憲法改正を含む様々な法改正を実施すると共に、その実効性の確保にも努力するようになった。具体的には二〇〇四年六月、時間的制約付きではあるものの、トルコ国営放送でクルド語の放送が実施され、南東部を中心に合計八カ所においてクルド語教室が設立された（クルド語教室は受講生不足から教室運営の資金を得ることが困難となり、二〇〇五年八月一日までに全ての教室が自主的に閉鎖された）。このように、クルド系国民はヨーロッパという力強い味方を得たことにより、ある程度の要求を満たすことが可能となった。

四　多元的共生社会とトルコ

市民社会という視点からトルコを考えた場合、団体の数の増加は近年見られる現象であるが、それが市民社会の質的な発展というところまでには至っていないというのが現実である。しかし市民社会の活動の枠組みを従来のものから広げてみると、裁判所を活用していたり、更に国際機関にまで働きかけを行ったりすることによって、社会の多様な利益や主張がトルコにおいても実現されている様子が窺えた。トルコの市民社会は、多元的でダイナミックな構造の中で利益を表出し実現化しており、国内の団体・トルコ政府・地域統合組織や国際的な司法機関と、多元的な共生社会が成立しているのではないだろうか。

この中でも特に重要な機能をはたしているものがヨーロッパである。トルコはその人口の九八パーセント以上がムスリムであることなどから、実際問題としてEUに加盟することができる国なのか、トルコはヨーロッパの国なのか、といったことが議論されることがある。しかし、このようにトルコの市民社会を眺めると、すでに社会の一部はヨーロッパの諸機関を自由自在に利用・活用することによって自らの権利を獲得しており、ヨーロッパがトルコの中に組み込まれているという見方もできるだろう。

おわりに

さいごに「多元的共生を求めて」という本書のテーマについてまとめながら、考えてみよう。

「多元的共生とは何?」に対するわかりやすい答は、「第４章『生きがい仕事』の創出とCS神戸の役割」に出てくる「くるくるコミュニティ」(63〜64頁)を見てもらうことである。ここには、自然生態系の保全、食の安全、循環エネルギーなどのエコロジカルな課題、福祉、防災・防犯、地域交通、地域経済など住み良い地域づくりの課題、伝統・文化資産保全など地域の文化の活性化の課題が示されている。そして、これら多様な活動が、多くの人の助け合いと協力のもとに、CS神戸というNPOをハブにしてくるくると回っている。これが多元的共生のイメージに近いものである。

ふりかえって見れば、戦後の日本は「豊かな暮らし」を求めて一直線に「経済発展」を追求してきた。国家の開発政策と企業の経済成長という車の両輪がうまく回っていき、そこに「福祉国家」がつくられていった。消費、福祉、教育、文化、レジャーなど生活は多面的に豊かになり、人々は国家と企業に依存することによって将来が保障されていると思った。しかし、バブル経済の崩壊、グローバル経済の襲来によって、この「福祉国家」はしだいに瓦解していく。近年の「小泉構造改革」と言われる政治は、この「福祉国家」を清算し新しい体制をつくるための大手術であった。金融市場の海外への開放、国家の公的業務の「民営化」、経済活動の規制緩和と「成果主義」、福祉から「自己責任」へという、いわゆる「新自由主義（ネオリベラリズム）」の展開である。

そのような時代の流れの途上で、一九九五年一月一七日に阪神・淡路大震災が発生した。全壊住宅一八万余世帯、死者六、四〇〇余人という大災害となった。震災直後の数日間は、国家・自治体の行政もほとんど機能不全であり、経済の市場機能も麻痺していた。被災市民は、「甲羅のないカニ」のような心細い状態の中で助け合い、協力し合って隣人を救助し、避難生活を立ち上げていった。被災地内外からボランティアがかけつけ、多様な救援活動も展開された。この歴史的な経験の中から、行政に依存していてはダメだ、企業と市場にだけ任せていてはダメだ、自分たちの生活は自分たちで守らなければ、という強い思いが生まれてきたのである。

ＣＳ神戸をはじめ、多言語・多文化共生のまちづくり（第3章）、市民社会のコミュニケーション・インフラ（第7章）もその思いから生み出された活動である。それらの活動の意義を「第1章　阪神・淡路大震災が生み出した市民活動の新たな展開」は、次のような言葉にまとめている。「一人ひとりのかけがえのなさ」、「生命を支えあうための根源的な他者との関わり」、「人間の弱さを自覚し、自己を他者へと開いていく中でつくられる共生」、「被災者の多様な能力を社会でエンパワするためのしくみづくり」と。

今、「新自由主義」という潮流が、利益・成果達成という一元的な目標をめざす個人間競争を強く迫っている中で、人々は心身をすり減らし、非正規社員の増大に見るように格差と不平等が広がっている。

国家も企業も、人々をふつうの人間、市民として処遇できなくなってきており、市民生活の現場は、あたかも震災被災地のように「甲羅のないカニ」のような心細い状態、荒れた世界に変わりつつある。だから、阪神大震災の被災地から生み出された多元的共生のさまざまな活動は、今日の社会に対して新しい可能性、普遍的意義を提起している、と言えるのである。

このような活動の流れは、しかしながら、けっして阪神大震災に始まったわけではない。「第2章 市民の活動の歴史的経緯から見た役割と可能性」が示しているように、一九六〇年代、ベ平連は「私たちは普通の市民です」という言葉を、生活クラブは「おおぜいの私」という言葉を発しながら、ベトナム反戦や消費生活問題に取り組んでいった。日本の経済が成熟して矛盾を蓄積する八〇年代には、地球環境、地域経済、福祉の領域に活動は広く展開していき、九〇年代には国際的なつながりが進み、NGO、NPOという組織方法が提起されていったのである。また、三鷹市の事例（第5章）は、住民の知恵と力が四〇年の時を通して蓄積されたものであり、一九九三年から始まる吉野川可動堰建設をめぐる住民運動（第8章）は、自然と歴史的文化を護ろうとする先進的な活動となっている。また、コーポラティブ「欅ハウス」の事例（第6章）は、「嗜好を異にする他人同士」が樹齢二五〇年の欅という環境価値をお互いに生かしながら「コミュニティ・アイデンティティ」を創りあげていった事例である。多元的共生を求めるさまざまな活動は、時代の新しい流れを形づくっているのである。

経済の成長は、たしかに人間の多面的な能力・個性を発展させてきたが、その一方で、発展しようとする人間の能力・個性を歪め、押しとどめ、時に剥奪している。高齢者、女性、青少年、障害者、非正規社員、路上生活者、外国人など「問題を身に引き受けざるを得ない当事者」、いわゆる「社会的弱者」が多元的に生み出されている。自然生態系や歴史・文化資産の破壊も進んでいる。近代の「市民社会」は、自由、平等、生存の人権を人々に保障し、国家に対する自律的な主体性を人々に付与しようとして苦闘してきたが、巨大企業体制のグローバルな展開、それをサポートする国家によって、歴史の途上で漂流を余儀なくされているように見える。

しかし、私たちは傍観しているわけではない。「第9章　比較による日本の市民社会の実像」の検証によれば、世界的に見られる一九九〇年代の「アソシエーション革命」は、日本でも兵庫県、新潟県など震災被災県をはじめいくつかの県で生じている。また、自治会・町内会という伝統的な組織もなお底深く生命力を保持し、影響力を行使している。

外国では、トルコの場合(第11章)のように、国内法では認められていなかった少数民族クルドの人権が、ユーロへの加盟問題を契機に「コペンハーゲン・クライテリア」を通じて国内法で保護され始めている。市民権が国家を超えて普及するという新しい発展が表れているのである。ウズベキスタンの場合(第10章)は、相互扶助的な隣人ネットワークであるマハッラが、ソビエト政権時代を生き延びて、新たな社会の中で生活と行政の単位になろうとしている。そこには、日本の自治会・町内会と同様に、行政への包摂という一面も見受けられる。世界のあちこちで「市民社会」の格闘が行なわれているのである。

今こうして、日本の各地に、そして世界の各所で、人々の顔の見える生活の現場から、さまざまな「多元的共生」が進み、市民一人ひとりが主人公となっていく、新しい〈市民の社会〉の可能性が開かれ始めている。本書がその可能性をふくらませることに少しでも役立てば、本書にかかわった者の喜びとするところである。

岩崎　信彦

平井　由貴子（ひらい・ゆきこ）

1975年生まれ、筑波大学大学院人文社会科学研究科研究員

専攻：政治学、トルコ地域研究

主要著作：『トルコにおける市民社会の構造：団体調査に見る市民社会組織の概要と行動』(辻中豊と共著)『論叢現代文化・公共政策』Vol.5（2007年)、「トルコのEU加盟に向けた民主化改革：クルド問題を中心に」『筑波法政』第39号（2005年）

岩崎　信彦（いわさき・のぶひこ）

1944年生まれ、神戸大学名誉教授

専攻：社会学

主要著作：『阪神・淡路大震災の社会学』第1～3巻（共編、昭和堂、1999年)、『21世紀への橋と扉―展開するジンメル社会学』(共編、世界思想社、2001年)、『地域社会学講座3 地域社会の政策とガバナンス』(共同監修、東信堂、2006年)

甲斐　徹郎（かい・てつろう）
1959年生まれ、株式会社チームネット代表取締役、都留文科大学文学部非常勤講師
専攻：環境共生型コーポラティブ住宅 企画・コーディネイト
主要著作：『まちに森をつくって住む』（農文協、2005年）、『自分のためのエコロジー』（筑摩書房、2006年）

松浦　さと子（まつうら・さとこ）
1960年生まれ、龍谷大学経済学部准教授
専攻：メディア論、非営利セクター論
主要著作：『そして、干潟は残った NPOとインターネット』（リベルタ出版、1999年）、『非営利放送とは何か 市民が創るメディア』（共編、ミネルヴァ書房、2008年）

佐野　淳也（さの・じゅんや）
1971年生まれ、立教大学大学院21世紀社会デザイン研究科特任准教授
専攻：NPO/NGO論、コミュニティデザイン論
主要著作：『地球が危ない！』（共著、幻冬舎、2002年）、「吉野川流域の取り組み―住民運動に視る学びのプロセス」『持続可能な開発のための学び』（開発教育協会、2003年）

辻中　豊（つじなか・ゆたか）
1954年生まれ、筑波大学人文社会科学研究科教授、国際日本研究専攻長
専攻：政治学、比較市民社会
主要著作：『現代日本の市民社会・利益団体』（編著、木鐸社、2002年）、『現代韓国の市民社会・利益団体』（編著、木鐸社、2004年）、“From Developmentalism to Maturity: Japan's Civil Society Organization in a Comparative Perspective,” in Frank Schwartz/ Susan Pharr (eds.), *The State of Civil Society in Japan* (Cambridge University Press, 2003)

ティムール・ダダバエフ（Timur Dadabaev）
1975年生まれ、筑波大学人文社会科学研究科准教授、東京大学人文社会研究科付属次世代人文学開発センター客員准教授
専攻：国際関係論
主要著作：『社会主義後のウズベキスタン』（アジア経済研究所、2008年）、『躍動するアジアの信念と価値観』（共編著、明石書店、2007年）、『マハッラの実像―中央アジア社会の伝統と変容―』（東京大学出版会、2006年）

執筆者紹介

西山　志保（にしやま・しほ）

山梨大学大学院医学工学総合研究部准教授

専攻：地域社会学、都市再生・まちづくり論、NPO・社会的企業論

主要著作：『改訂版 ボランティア活動の論理』(東信堂、2007年)、『阪神大震災研究5―大震災を語り継ぐ』(共著、神戸新聞総合出版センター、2002年)、似田貝香門編著『自立支援の実践知』(共著、東信堂、2008年)

中村　陽一（なかむら・よういち）

1957年生まれ、立教大学大学院21世紀社会デザイン研究科教授

専攻：社会デザイン論、NPO/NGO論、市民活動論

主要著作:『日本のNPO/2000』『同2001』(共編著、日本評論社、1999年、2001年)、『21世紀型生協論』(共編著、日本評論社、2004年)、『都市と都市化の社会学』(共著、1996年、岩波書店)

吉富　志津代（よしとみ・しづよ）

1957年生まれ、特定非営利活動法人多言語センターFACIL理事長、関西学院大学非常勤講師

専攻：多文化共生、移民政策

主要著作:『多文化共生社会と外国人コミュニティの力』(現代人文社、2008年)、『多文化パワー』(共著、明石書店、2007年)、『現代地域メディア論』(共著、日本評論社、2007年)

坂本　登（さかもと・のぼる）

1936年生まれ、特定非営利活動法人コミュニティ・サポートセンター神戸副理事長

羽村　孝（はむら・たかし）

1954年生まれ、三鷹市副市長

主要著作：『きみのまちの問題の解き方』(共著、公人社、1992年)、『市民参加と自治体公務』(共著、学陽書房、1997年)、東京朝日100周年記念懸賞論文最優秀賞（共同提案、1991年)

大朝　摂子（おおあさ・せつこ）

1965年生まれ、NPO法人三鷹ネットワーク大学推進機構主査

主要著作：「知的創造空間としての地域社会―『三鷹ネットワーク大学』がめざすもの―」『計画行政』第28巻第2号（日本計画行政学会、2005年)、「科学文化でまちづくり―三鷹ネットワーク大学の挑戦」『科学 vol.78、№3、市民の科学リテラシー』(岩波書店、2008年)

編者紹介

宇田川　妙子（うだがわ・たえこ）

1960年生まれ、国立民族学博物館先端人類科学研究部准教授

研究テーマ：イタリアを中心とする南ヨーロッパに関する文化人類学研究を行っている。主にジェンダー／セクシュアリティ、家庭というテーマに焦点を当ててきたが、近年では、ヨーロッパ各地で活性化しつつある市民領域に関心を寄せ、イタリアの現状に関する調査分析を進めている。

主要著作：『ジェンダー人類学を読む：地域別テーマ別基本文献レヴュー』（共編、世界思想社、2007年）、『東アジアからの人類学：国家・開発・市民』（共編、風響社、2006年）、「イタリアの名誉と男と性」森明子編『ヨーロッパ人類学』（新曜社、2004年）

【未来を拓く人文・社会科学シリーズ14】

多元的共生を求めて―〈市民の社会〉をつくる

2009年2月20日　初版　第1刷発行　〔検印省略〕

＊定価はカバーに表示してあります

編者©宇田川妙子　発行者 下田勝司　印刷・製本　中央精版印刷

東京都文京区向丘1-20-6　郵便振替 00110-6-37828　発 行 所

〒113-0023　TEL 03-3818-5521（代）　FAX 03-3818-5514　株式会社 東 信 堂

E-Mail tk203444@fsinet.or.jp

Published by TOSHINDO PUBLISHING CO.,LTD.

1-20-6,Mukougaoka, Bunkyo-ku, Tokyo, 113-0023, Japan

ISBN978-4-88713-869-8　C0330　

「未来を拓く人文・社会科学シリーズ」刊行趣旨

少子高齢化、グローバル化や環境問題をはじめとして、現代はこれまで人類が経験したことのない未曾有の事態を迎えようとしている。それはとりもなおさず、近代化過程のなかで整えられてきた諸制度や価値観のイノベーションが必要であることを意味している。これまで社会で形成されてきた知的資産を活かしながら、新しい社会の知的基盤を構築するためには、人文・社会科学はどのような貢献ができるのであろうか。

本書は、日本学術振興会が実施している「人文・社会科学振興のためのプロジェクト研究事業（以下、「人社プロジェクト」と略称）」に属する14のプロジェクトごとに刊行されるシリーズ本の1冊である。

「人社プロジェクト」は、研究者のイニシアティブを基盤としつつ、様々なディシプリンの諸学が協働し、社会提言を試みることを通して、人文・社会科学を再活性化することを試みてきた。そのなかでは、日本のあり方、多様な価値観を持つ社会の共生、科学技術や市場経済等の急速な発展への対応、社会の持続的発展の確保に関するプロジェクトが、トップダウンによるイニシアティブと各研究者のボトムアップによる研究関心の表明を組み合わせたプロセスを通して形作られてきた。そして、プロジェクトの内部に多様な研究グループを含み込むことによって、プロジェクト運営には知的リーダーシップが求められた。また、プロジェクトや領域を超えた横断的な企画も数多く行ってきた。

このようなプロセスを経て作られた本書が、未来の社会をデザインしていくうえで必要な知的基盤を提供するものとなることを期待している。

2007年8月

人社プロジェクト企画委員会
城山英明・小長谷有紀・桑子敏雄・沖大幹

東信堂

書名	著者	定価
プラットフォーム環境教育	石川聡子編	二四〇〇円
環境のための教育	J・フィエン 石川聡子他訳	二三〇〇円
覚醒剤の社会史—ドラッグ・ディスコース・統治技術	佐藤哲彦	五六〇〇円
捕鯨問題の歴史社会学—近代日本におけるクジラと人間	渡邊洋之	二八〇〇円
新版 新潟水俣病問題—加害と被害の社会学	飯島伸子・舩橋晴俊編	三八〇〇円
新潟水俣病をめぐる制度・表象・地域	関礼子	五六〇〇円
新潟水俣病問題の受容と克服	堀田恭子	四八〇〇円
日本の環境保護運動	長谷敏夫	二五〇〇円
白神山地と青秋林道—地域開発と環境保全の社会学	井上孝夫	三二〇〇円
現代環境問題論—理論と方法の再定置のために	井上孝夫	二三〇〇円
空間と身体—新しい哲学への出発	桑子敏雄	二五〇〇円
環境と国土の価値構造	桑子敏雄編	三五〇〇円
森と建築の空間史—南方熊楠と近代日本	千田智子	四三八一円
環境 安全という価値は…	松永澄夫編	二〇〇〇円
環境 設計の思想	松永澄夫編	二三〇〇円
環境 文化と政策	松永澄夫編	二三〇〇円
責任という原理—科学技術文明のための倫理学の試み	H・ヨナス 加藤尚武監訳	四八〇〇円
主観性の復権—心身問題から「責任という原理」へ	H・ヨナス 宇佐美・滝口訳	二〇〇〇円
テクノシステム時代の人間の責任と良心	H・レンク 山本・盛永訳	三五〇〇円
食を料理する—哲学的考察	松永澄夫	二〇〇〇円
経験の意味世界をひらく—教育にとって経験とは何か	市村・早川・松浦・広石編	三八〇〇円
教育の共生体へ—ボディ・エデュケーショナルの思想圏	田中智志編	三五〇〇円
アジア・太平洋高等教育の未来像	静岡県総合研究機構 馬越徹監修	二五〇〇円
人間諸科学の形成と制度化—社会諸科学との比較研究	長谷川幸一	三八〇〇円

〒113-0023 東京都文京区向丘 1-20-6 TEL 03-3818-5521 FAX03-3818-5514 振替 00110-6-37828
Email tk203444@fsinet.or.jp URL:http://www.toshindo-pub.com/
※定価：表示価格（本体）＋税